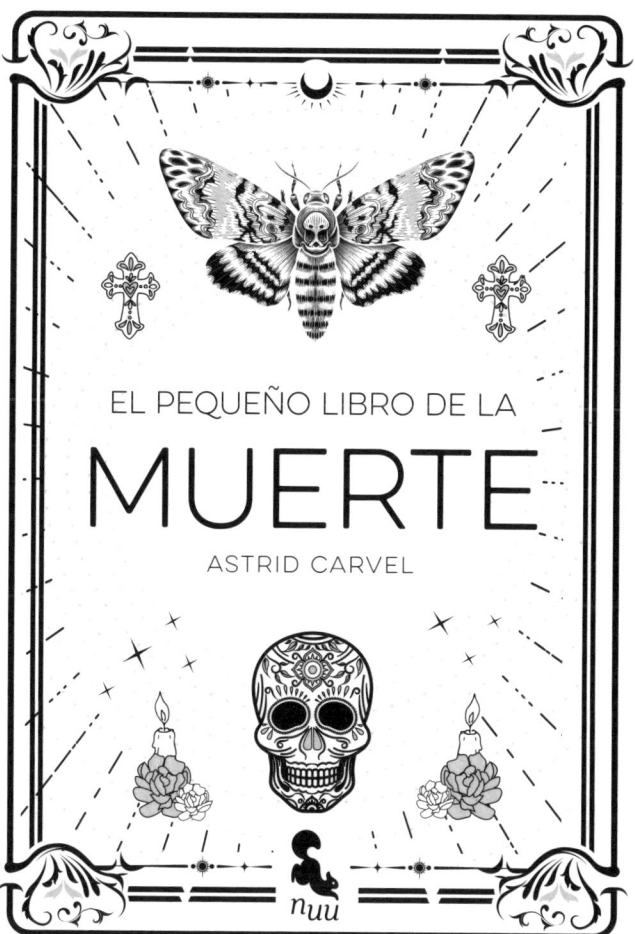

EL PEQUEÑO LIBRO DE LA

MUERTE

ASTRID CARVEL

nuu

THE LITTLE BOOK OF DEATH
EL PEQUEÑO LIBRO DE LA MUERTE

© Editorial Reverté, S. A., 2026
Loreto 13-15, Local B. 08029 Barcelona – España
revertemanagement.com

Fecha de publicación: mayo 2026

Edición en papel
ISBN: 979-13-88177-03-3

Edición en ebook
ISBN: 978-84-291-0033-4 (PDF)

Editores: Ariela Rodríguez / Ramón Reverté
Coordinación editorial y maquetación: Patricia Reverté
Revisión de textos: Mariló Caballer Gil
Imagen cubierta: © Shutterstock.com
Adaptación cubierta al español: Feriche Black

Impreso en España – Printed in Spain
Depósito legal: B 6795-2026
Impresión y encuadernación: Liberdúplex
Barcelona – España

CONTENIDO

INTRODUCCIÓN

La muerte es un enigma que la humanidad ha intentado desentrañar desde sus albores.

Aunque hayan pasado milenios de evolución biológica y cultural, saber aceptar nuestra mortalidad sigue estando fuera de nuestro alcance.

Para muchos de nosotros el miedo a lo desconocido es algo ineludible, pues no sabemos a ciencia cierta qué vamos a encontrarnos más allá de la muerte. Si bien el arte, la literatura, la poesía y los textos religiosos nos ofrecen ciertos indicios de cómo podría ser la vida después de la muerte, siempre queda la sombra de la duda. Las declaraciones filosóficas no nos sirven de consuelo cuando las exigencias urgentes y omnipresentes del día a día abarrotan nuestra mente y secuestran nuestra atención.

Entonces, ¿cómo debemos afrontar la muerte? Quizá la mejor manera sea entablando amistad con de ella; o, si no podemos hacernos verdaderos amigos, al menos podemos adquirir una familiaridad que disipe nuestro temor. La muerte es el destino al que todos vamos a llegar, y no tiene por qué ser un asunto morboso y triste.

Este libro explora las múltiples y fascinantes formas en que las culturas de todo el mundo, tanto pasadas como presentes, han intentado afrontar la pérdida de la vida y hallar consuelo ante lo que se puede esperar al otro lado. Conocer ceremonias, ritos y creencias que diferentes pueblos utilizan para aceptar y honrar el fallecimiento de sus seres queridos nos familiarizará con esta parte tan natural de la vida. Abrir los ojos ante la realidad física, emocional y espiritual de la muerte —despojándola de cualquier asociación negativa e incluso viendo el lado más amable de este tormentoso e impredecible viaje final— podemos encontrar un camino que nos lleve a la aceptación, la integración y la paz.

Media vita in morte sumus.

En medio de la vida, estamos en la muerte.

CAPÍTULO UNO:
QUÉ HAY MÁS ALLÁ

Para las personas creyentes o espirituales, la muerte es mucho más que un punto final en la biografía de una persona: es, quizá, la primera de innumerables y fascinantes «secuelas». En este sentido, la historia de las ideas sobre el más allá también es la historia de las creencias espirituales y de las religiones humanas. Este capítulo ofrece una breve visión general de cómo los seres humanos, a lo largo de su existencia, han reflexionado sobre qué puede acontecernos en el sueño eterno.

CREENCIAS ANTERIORES A LAS RELIGIONES DOMINANTES

Las creencias espirituales —esa idea de que es posible conectar con algo que trasciende lo individual, ya sea la naturaleza, los dioses o un poder superior— son tan antiguas como la propia humanidad. Incluso en el remoto tiempo de nuestros antepasados protohumanos, hallamos indicios de ese innato deseo de dar un sentido a la vida y a la muerte, y de ver más allá de los límites de los sentidos. No importa a qué parte del mundo viajes, este anhelo siempre está presente. Evolucionó dentro de las primeras culturas humanas hasta que la aparición de la escritura permitió profundizar en el tema y difundirlo entre un número cada vez mayor de personas. Cuando surgieron las primeras civilizaciones, la idea de una vida después de la muerte estaba muy extendida y era un tema recurrente.

EL CURIOSO CASO DEL
HOMO NALEDI

Una de las evidencias más claras de la creencia en algo más allá de la muerte que tuvieron los primeros humanos se halla en los enterramientos de Sunghir. Este yacimiento arqueológico en el oeste de Rusia, con una antigüedad de 34.000 años, reveló tras su excavación en 1955, los restos de un hombre de mediana edad y dos niños sepultados junto a un «ajuar funerario», para beneficiar al difunto en la otra vida. Los niños iban acompañados de más de 10.000 cuentas de marfil de mamut, lanzas, astas y otros artilugios valiosos.

En 2015 en Sudáfrica, en el sistema de cuevas Rising Star, se encontraron las señales de una población emparentada con el *Homo sapiens,* el *Homo naledi,* que vivieron allí hace unos 300.000 años. En 2023, los investigadores dedujeron que las fosas escavadas y los grabados geométricos en la piedra junto a los enterramientos sugerían unas «costumbres funerarias».

Aunque quizá nunca lleguemos a saber qué pensaban aquellos primeros humanos, sí que sabemos que desde hace milenios hemos honrado a nuestros muertos.

> Los ritos funerarios son las ceremonias que se hacen para honrar a los difuntos.

MONUMENTOS MEGALÍTICOS

Los europeos del Neolítico, entre el 10000 y el 2200 a.C., son reconocidos por el uso de estructuras megalíticas (grandes piedras). Aunque el propósito exacto del ejemplo más famoso, el de Stonehenge (Reino Unido), sigue siendo objeto de debate, hay otros yacimientos que proporcionan pruebas mucho más claras de su finalidad. En regiones como Irlanda y Escocia, hubo comunidades que sepultaban en túmulos funerarios a aquellos individuos que consideraban «dignos» de ello. Este es uno de los primeros ejemplos de cómo los pueblos neolíticos albergaban a sus muertos: sus tumbas consistían en un «patio» semicircular de piedra que conducía a diferentes cámaras funerarias, cada tumba estaba cubierta por un montículo de piedras, conocido como *túmulo*.

Aunque los investigadores siguen descubriendo más detalles sobre los rituales funerarios y las percepciones neolíticas del más allá, los ajuares funerarios y otros objetos descubiertos por los arqueólogos confirman que quienes daban sepultura a sus muertos creían que estos seguirían viviendo de alguna forma y que necesitarían ciertos objetos en el más allá.

LOS TEXTOS DE LAS PIRÁMIDES EGIPCIAS

La concepción del más allá en el antiguo Egipto es una de las más conocidas y estudiadas. La brillante y dorada máscara funeraria del faraón Tutankamón es una imagen icónica para millones de personas de todo el mundo, al igual que las colosales pirámides que sirven de tumbas a los poderosos gobernantes de la antigüedad.

La muerte era de suma importancia en el antiguo Egipto y la transición del mundo de los vivos al Duat —el inframundo— era un proceso muy complejo; tal era su peligrosidad que requería una preparación minuciosa, y los egipcios crearon «registros permanentes» o textos funerarios para guiar al difunto. En las paredes de varias pirámides —las más antiguas datan de alrededor del 2353-2323 a. C.— hay grabados jeroglíficos y recitaciones para garantizar el paso seguro del espíritu. Los denominados «textos de las pirámides» son posiblemente la referencia escrita más antigua que existe sobre el más allá, y se incluyeron en lo que más tarde formaría un corpus completo de textos funerarios conocido como *El libro de los muertos.*

GILGAMESH Y LA BÚSQUEDA DE LA VIDA ETERNA

A la antigua Mesopotamia le debemos lo que gran parte de los expertos consideran la primera obra literaria de la humanidad: *La epopeya de Gilgamesh*, grabada en tablillas de arcilla y escrita en lengua sumeria alrededor del 2100-1200 a. C. Narra en verso la historia de Gilgamesh, despótico rey de Uruk, y de Enkidu, un hombre salvaje creado por los dioses para mantener a Gilgamesh bajo control. Los dos acababan haciéndose amigos, se alían para matar al Toro del Cielo y, como castigo por tal asesinato, Enkidu es condenado a muerte por los dioses.

La tablilla VIII narra el lamento de Gilgamesh por la pérdida de su amigo; es aquí donde surge la primera referencia literaria al inframundo. En la tablilla XII, Enkidu aparece «vivo» en el inframundo, y Gilgamesh le encarga que recupere algunas de sus pertenencias que, inexplicablemente, han caído en ese reino. Aquí tenemos la primera historia mitológica escrita, el primer cuento moral nunca antes contado por escrito, y sus temas destacados son la existencia eterna y la vida después de la muerte.

 EL INFRAMUNDO GRIEGO

El imaginario sobre el más allá se intensificó cuando se escribieron y divulgaron *la Ilíada* y *la Odisea* de Homero, aproximadamente entre los años 750 y 700 a.C. Estamos tan familiarizados con los seres fantásticos de estas epopeyas que solemos olvidar que, para los antiguos griegos, los personajes que en esos largos versos aparecen seres reales. En aquella época, la mayoría de griegos eran politeístas y, para ellos, eran muchos los dioses y diosas que intervenían en determinados aspectos de su vida cotidiana.

Uno de los dioses griegos más famosos es Hades, dios de los muertos y gobernante del inframundo (que también se denomina Hades). Aunque, en la película *Hércules* de Disney, resulta ser un icono de la insolencia, el Hades de la antigua Grecia era bastante diferente: un personaje sombrío y severo, que no soportaba a las almas que intentan abandonar el inframundo. Para los griegos, no se trataba de un sistema meritocrático en el que aquellos que se habían comportado bien pasaban a una vida de comodidad y alegría en el más allá, y aquellos que se habían comportado mal eran castigados por ello. No, el inframundo era un lugar oscuro y lúgubre para todos, sin importar quién fueras. La única nota «positiva» es que tenías que hacer algo *realmente* malo para ser condenado a un castigo eterno... ¡como bien entendió el pobre Sísifo!

EL CIELO Y EL INFIERNO EN EL MÁS ALLÁ ROMANO

Los mitos griegos eran tan impresionantes que fueron adoptados y adaptados por el Imperio romano. Roma contó con Virgilio como máximo exponente literario de la época, en cuyo poema fundamental, la *Eneida*, también describe vívidamente el más allá. En este caso se presentan dos reinos distintos dentro del inframundo: el Tártaro, un abismo reservado para el tormento de los malhechores y una prisión para los titanes, y el Elíseo, con sus verdes campos, donde los benditos y los heroicos podían ser felices experimentando una vez más las alegrías de la vida terrenal (sí, ¡como Russell Crowe en *Gladiator*!).

Aunque Homero ya había concebido estos reinos separados, el hecho de que Virgilio decidiera ampliar el aspecto moral del más allá es bastante revelador: para los romanos, la piedad en la vida ayudaba a garantizar la prosperidad en la muerte. Al fin y al cabo, ¿a quién no le gustaría retozar por verdes campos?

MORALIDAD Y MORTALIDAD

Como hemos visto, reflexionar sobre qué nos depara la muerte es una cautivadora inquietud humana que ha persistido durante milenios.

Veamos ahora algunas de las religiones más importantes del mundo y su percepción de la muerte y el más allá. Para algunas religiones, esto es algo de suma importancia. Si las acciones de una persona en la vida tienen consecuencias en el más allá —ya sea en forma de castigos o recompensas—, esto inevitablemente determina la forma en que los fieles viven su vida terrenal. Para otras, sin embargo, no es tan relevante, pues el acto de vivir bien es el objetivo último.

EL DESTINO KÁRMICO
EN EL HINDUISMO

El hinduismo es una de las religiones más antiguas del mundo, con unos cuatro mil años de antigüedad, y, al igual que muchos de los sistemas de creencias ancestrales, sus enseñanzas comenzaron de forma oral. Estas enseñanzas son sus *vedas*, que se desarrollaron en textos posteriores, creando *sutras* adicionales. *Los sutras* son esencialmente declaraciones poéticas que actúan como reglas o normas morales por las que regirse, con el fin de situarse en una posición favorable para la vida después de la muerte. Uno de los conceptos morales más célebres —tanto que se ha integrado plenamente en el lenguaje cotidiano— es el karma. Se trata del principio, maravillosamente simple, de causa y efecto: lo que das al mundo te será devuelto.

Dado que los hindúes creen en un proceso cíclico de reencarnación (*samsara*), el karma determina las condiciones de cada renacimiento. El buen karma propicia una existencia favorable, mientras que el mal karma da lugar a un retorno en una forma menos ventajosa, incluso como animal. El objetivo más elevado es romper el ciclo mediante acciones piadosas, para guiar el alma hacia el nirvana, la paz definitiva.

EL MUNDO CELESTIAL DE LOS HAUDENOSAUNEE

La historia de los indígenas americanos —aquellos que poblaron y siguen viviendo en América del Norte— se remonta a decenas de miles de años. Sus diversas creencias espirituales no se pueden resumir en un solo concepto, aunque muchas tribus honran a un creador unificador y todopoderoso: el Gran Espíritu. Echemos un vistazo a los haudenosaunee en particular.

El término *haudenosaunee* es el identificador genérico de la confederación que originalmente integraban cinco naciones —Mohawk, Oneida, Onondaga, Cayuga y Seneca— y a las que más tarde se uniría una sexta: Tuscarora.

El nombre que los haudenosaunee dan al Gran Espíritu es Tarachiawagon, que se traduce como «portador de los cielos», aunque en otras culturas indígenas se utiliza comúnmente el nombre Gitche Manitou. El nombre específico del Gran Espíritu varía en cada una de estas comunidades. Y, aunque los nombres y atributos del Gran Espíritu difieren entre los distintos pueblos indígenas, hay unidad en temas comunes, como la creación, la guía y la conexión con la naturaleza.

El Gran Espíritu exhorta a los pueblos indígenas a amarse, a cuidarse mutuamente y a proteger la Tierra. Muchos rituales mantenían las conexiones entre el Mundo Celestial, la Tierra y el Mundo Acuático, o mundo inferior. Las creencias de estas tribus se basan en la idea de que el mundo natural debe ser respetado como parte de un marco espiritual más amplio. Estos ideales se manifiestan en prácticas comunitarias como honrar a los ancianos, compartir recursos y participar en rituales que reflejan un entorno y un ecosistema simbióticos. En la cultura haudonesaunee, el Gran Espíritu determina si un alma es digna de un paso seguro al Mundo Celestial —un lugar de paz donde le esperan sus seres queridos— o si va a enfrentarse a una serie de retos y pruebas en su camino hacia allí.

Cuando alguien muere, normalmente se llevan a cabo una serie de ritos en el mundo físico: se celebran banquetes, se entierran los cuerpos con sus posesiones más preciadas y provisiones para el camino, y se enciende un fuego sobre la tumba para que el espíritu prepare su comida... Una de las muchas costumbres de los haudenosaunee destinadas a ayudar al espíritu a encontrar el camino hacia el descanso es capturar un pájaro y liberarlo sobre la sepultura la noche del entierro. Volando, el pájaro llevará el alma a su destino final.

EL GRAN SALÓN DEL PAGANISMO NÓRDICO

En el norte de Europa, los seguidores del paganismo nórdico creen en un panteón de deidades asociadas a diversos aspectos de la vida. Entre las más destacadas se encuentran: Odín, el «Padre de Todos», dios de la sabiduría, la poesía y la muerte, que ostenta la supremacía máxima sobre todos los demás; Frigg, esposa de Odín, guardiana del matrimonio, la maternidad y la profecía; y Thor, con su famoso martillo, dios del trueno, la fuerza y la protección. Las historias de los dioses nórdicos y la mitología en general se recogen en el principal texto escrito, la *Edda prosaica*, obra literaria compuesta por el islandés Snorri Sturluson en el siglo XIII d. C.

En el paganismo nórdico, hay múltiples destinos tras la muerte. Si mueres como guerrero, puedes seguir viviendo en Valhalla, el gran salón de Odín, o en Fólkvangr, la pradera de Freya. La gente común, por otro lado, puede esperar habitar en Hel (o Helheim), un reino subterráneo brumoso, que exploraremos más adelante. Además de estas opciones, los paganos nórdicos también creen que se puede regresar a la Tierra y seguir viviendo en el paisaje.

EL AQUÍ Y AHORA EN EL JUDAÍSMO

Las raíces del judaísmo se remontan casi tan atrás como las del hinduismo. Es la más antigua de las religiones abrahámicas, posiblemente la primera de las religiones monoteístas. Sus seguidores se rigen por las escrituras sagradas, principalmente el Tanaj (la Biblia hebrea) y el Talmud.

En el judaísmo ortodoxo, una de las ramas del judaísmo, muchas personas creen que, si viven una vida justa, pueden pasar al Gan Eden (el Jardín del Edén). Este puede ser un lugar físico, en el que las personas conviven pacíficamente, o puede ser un estado en el que el alma está cerca de Dios. Si las personas han pecado, al morir pueden ir al Sheol, que es un lugar de espera para que las almas se purifiquen. Por otro lado, si alguien ha llevado una vida inmoral, puede pasar al Gehena para ser castigado durante doce meses.

Sin embargo, el concepto de la vida después de la muerte en sí no tiene una importancia central en el judaísmo. Como tal, no hay enseñanzas claras en las escrituras judías, y no todos los judíos coinciden en sus ideas sobre la vida después de la muerte. A menudo, es algo que se deja a la opinión personal de cada individuo. En cambio, lo más importante es cómo viven los judíos sus vidas en el aquí y el ahora.

La *Mishná*, una recopilación de tradiciones orales escrita alrededor del año 200 d. C., enseña: «No seáis como los sirvientes que sirven a su amo con el fin de recibir una recompensa». Esta máxima invita a vivir con rectitud y a actuar con bondad porque es lo correcto, no por la expectativa de ser recompensados en el más allá.

LAS NOBLES VERDADES DEL BUDISMO

El budismo se originó en la India aproximadamente en el siglo VI a. C. y, en la actualidad, se practica principalmente en Asia Oriental y Sri Lanka. El budismo comparte algunas creencias básicas con otras religiones y culturas: el karma y el ciclo de la muerte y el renacimiento.

En el budismo Theravāda, existen cuatro nobles verdades. La primera, conocida como *dukkha*, afirma que nuestra vida en la Tierra está llena de sufrimiento. Las otras nobles verdades explican por qué es así, que hay una solución y cómo alcanzarla. Esto está relacionado con la idea del renacimiento.

Según el karma, las acciones que realizamos en nuestras vidas actuales determinan cómo renaceremos. El objetivo final es alcanzar un estado de iluminación y, por lo tanto, no volver a renacer. Esta iluminación se puede encontrar a través del estudio y la meditación de las escrituras conocidas como Tipitaka.

También es importante señalar que las tradiciones budistas del este asiático, o Mahāyāna, han desarrollado una visión diferente de la vida y la muerte, centrada más en la compasión y la interconexión de todos los seres, en lugar de en la liberación individual.

EL CULTO A LOS ANTEPASADOS EN JAPÓN

Las creencias animistas y ancestrales de los pueblos nativos de Japón son anteriores a los registros históricos, y el sentido de lo divino existía originalmente como una parte natural de la vida. De hecho, estas creencias y rituales, llamados Shintō, se practican a menudo con otros rituales de otras religiones.

En Japón, existe la creencia extendida de que todo lo natural —como cascadas, árboles centenarios o montañas— posee un espíritu, esto se llama *kami*. Aunque no hay teorías prescriptivas sobre la muerte y el más allá, el espíritu de los difuntos (*mitama*) a menudo se venera y se consagra como una presencia ancestral.

> Un ejemplo de veneración de los antepasados en el Japón moderno es el Mitama Matsuri, un festival sintoísta muy celebrado en Tokio en honor a los muertos. En él se honra a los espíritus de los antepasados y familiares con procesiones, bailes y música, y es famoso por sus aproximadamente 30.000 linternas de papel.

UNA PRUEBA INFERNAL EN LA CREENCIA MAYA

En Mesoamérica, la antigua religión maya alcanzó su mayor esplendor durante el período clásico (250-900 d. C.). Al igual que en el sintoísmo, sus seguidores creían que todas las cosas estaban habitadas por un espíritu. Asimismo, existía un vasto conjunto de deidades, cada una asociada a un aspecto de la cultura maya, que eran veneradas y adoradas. Este panteón de deidades era extenso y complejo, al igual que su concepto del más allá.

Xibalba, que se traduce como «lugar del miedo», es el aterrador nombre que hace referencia al inframundo maya, descrito como un reino peligroso de múltiples capas situado en las raíces de un gran árbol sagrado llamado Yaxché. Nuestro reino actual se encuentra en el tronco del árbol, y las ramas más altas albergan reinos superiores.

Los cenotes eran cuerpos de agua sagrados que conducían a Xibalba. Las almas viajaban a ese inframundo, donde se sometían a diversas pruebas y tribulaciones establecidas por varios dioses. Sin embargo, aquellos que habían muerto de forma «honorable» —como los guerreros caídos en batalla o quienes habían sido sacrificados— no tenían que pasar por estas pruebas y ascendían directamente a un reino superior.

EL SACRIFICIO SUPREMO EN EL CRISTIANISMO

El aislamiento de los mayas y su sistema de creencias llegó a su fin prematuramente con la llegada de los conquistadores españoles a principios del siglo XVI. Los colonizadores introdujeron y difundieron su religión, el cristianismo.

El cristianismo es la segunda de las tres religiones abrahámicas. La vida de Jesús, sus enseñanzas, su muerte y las acciones de sus discípulos se relatan en el Nuevo Testamento, que forma parte de la Biblia. Jesús es considerado el hijo de Dios, el puente entre la divinidad y la humanidad, al ser Dios hecho carne; lo que permite una relación directa entre los humanos y su Padre, un vínculo que antes no era posible.

La crucifixión de Jesús se interpreta como un sacrificio de Dios por los pecados del mundo. Anteriormente, en el judaísmo, los sacerdotes sacrificaban regularmente animales como ofrenda a Dios para que perdonara los pecados de su pueblo. Aunque la crucifixión de Jesús fue profetizada en el Antiguo Testamento, los cristianos la consideran como un acto de amor voluntario, pues Dios podría haber salvado a su hijo.

Se cree que, a través de la muerte y la resurrección de Jesús, Dios estableció un pacto con la humanidad. Jesús murió para redimir los pecados del mundo para toda la eternidad, lo que significa que, por muy perdida, quebrantada o pecadora que sea una persona, el camino al cielo permanece abierto para ella. Una de las creencias fundamentales del cristianismo es que la fe en Cristo —es decir, en Jesús—, el arrepentimiento de nuestros pecados y el compromiso personal de vivir según sus enseñanzas significan que siempre se puede borrar el pasado, una y otra vez, a través del amor y el perdón de Dios. Tras la muerte, el alma puede ascender al cielo, descrito como un lugar de paz y felicidad perpetuas.

Ciertas confesiones, como el catolicismo, también creen en el infierno. Se concibe como el destino de los pecadores que no se han arrepentido de sus maldades y se describe como un lugar de fuego eterno y miseria.

Como veremos a lo largo de este libro, existe una creencia muy extendida de que hacer el bien en la vida conducirá a una vida pacífica y feliz después de la muerte, y que hacer el mal ocasionará sufrimiento.

UN JARDÍN DE DELICIAS EN EL ISLAM

El islam, la tercera de las religiones abrahámicas, es una fe con una historia profunda y rica, que se originó en La Meca en el año 610 d.C. La palabra *islam* significa «sumisión [a Dios]». Las revelaciones contenidas en el libro sagrado de los musulmanes, el Corán, se consideran la palabra de Dios y, como tal, el libro sagrado —la manifestación física de la palabra de Dios— debe ser tratado con el máximo cuidado y respeto.

Entonces, en el momento de la muerte, ¿qué ofrecerá una vida al servicio de Dios a un musulmán devoto? En el islam, el alma sigue existiendo después de la muerte. Cuando llegue el momento, el alma se enfrentará al Día del Juicio Final: el cuerpo resucitará literalmente y será transportado a la llanura de Arafat —un lugar real, al pie del monte Arafat, en Arabia Saudí—, donde cada individuo rendirá cuentas de sus actos en la Tierra.

Así, los creyentes acceden a las recompensas ilimitadas del Yannah, descrito canónicamente como un jardín de delicias con distintos niveles, niveles, donde se puede disfrutar libremente de los placeres sensuales —¡incluido un vino que no da resaca al que lo bebe!—, donde todos tienen la edad ideal de

33 años y experimentarán «cosas que los ojos no han visto, los oídos no han oído y la mente no ha comprendido».

Para los incrédulos o pecadores, existe el Jahannam, un infierno con múltiples niveles, donde se inflige dolor físico y sufrimiento. En él se pueden recibir castigos de diversos grados que incluyen la exposición al fuego, al agua hirviendo y a vientos gélidos o abrasadores, y, como único sustento, el fruto amargo y tortuoso del árbol Zaqqum.

El sijismo es una religión monoteísta establecida en la región del Punyab, en la India. Fue fundada en 1526 por Gurú Nanak y presenta una visión decididamente pragmática sobre el destino del alma. La escritura principal, el Gurú Granth Sahib, instruye a sus seguidores a meditar sobre la naturaleza de Waheguru, el único creador que está presente en todas las cosas. El objetivo es promover la unidad divina de la humanidad y vivir al servicio desinteresado de los otros. También enseña que las distracciones mundanas (*māyā*) inhiben el verdadero propósito de la vida, que es conectar con Akal, el Eterno (uno de los muchos nombres utilizados para referirse al Creador Único).

Este enfoque de celebrar la santidad de la existencia terrenal también influye en las creencias sij sobre la muerte y el más allá. Aunque los sijs creen en el karma y la reencarnación —y en la liberación de este ciclo—, el énfasis no está en temer al mal karma o al castigo divino, sino en regocijarse en los aspectos positivos de la vida terrenal.

GRADOS DE SEPARACIÓN EN LA CÁBALA

El misticismo se centra en la unificación del discípulo con Dios, como en la Cábala (o Qabalah), en beneficio de su vida terrenal y de la vida en el más allá. Esta forma de misticismo judío surgió en el siglo XII d. C., pero se consolidó más en el siglo XVI gracias a Moisés Cordovero y su discípulo Isaac Luria. Su texto fundamental, el Zohar, desarrolla ideas basadas en algunos de los aspectos más místicos de la Torá. Define a un Dios infinito (Ein Sof, «sin fin») y establece una intrincada cosmología basada en el Árbol de la Vida. Por encima de Ein Sof está Ein: «nada» o «ninguna cosa».

El Árbol de la Vida es una representación visual del proceso de emanación divina; es la forma en que la esencia divina fluye hacia el universo, de lo infinito a lo finito. En otras palabras, es un «mapa» de la naturaleza de Dios. Aprender a interpretar esta naturaleza se considera el camino hacia la iluminación definitiva. Al igual que el judaísmo en general, la Cábala enseña que, tras la muerte, el alma digna puede llegar a un reino de recompensa (Gan Eden), pero quizá tenga que optar por la reencarnación hasta que se perfeccione y esté lista para la unión final con lo divino.

VISITANDO EL «SUMMERLAND» EN LA WICCA

Aunque el paganismo tuvo sus inicios en la prehistoria, una de sus manifestaciones modernas, la Wicca, surgió en Inglaterra en 1954 de la mano de Gerald Gardner. Los wiccanos están profundamente conectados con la Tierra y la naturaleza. Participan en ceremonias en las que celebran a sus dos deidades principales, el Dios Cornudo y la Diosa Madre, y utilizan antiguos marcadores del tiempo paganos, como los solsticios y los equinoccios. Su práctica puede implicar el uso de la magia·k, como las cartas del tarot o la «magia·k culinaria». Se rigen por la Rede Wicca, un código que establece que lo que das al mundo lo recibes triplicado, tanto lo bueno como lo malo.

La Wicca está abierta a diversas ideas sobre la vida después de la muerte, aunque los temas sobre el más allá no tienen gran relevancia para los practicantes. La mayoría de los wiccanos creen en un ciclo de reencarnación y sostienen que el alma reside pacíficamente en un Summerland —o «tierra del verano»— intermedio mientras espera su próxima vida.

LA MUERTE SIN RELIGIÓN

Desde la historia de Gilgamesh hasta el islam, la búsqueda del significado de la vida y la muerte ha sido continua. A menudo, esta búsqueda ha tenido una inspiración divina o espiritual. Sin embargo, Aristóteles, el famoso filósofo griego, tenía otra perspectiva.

A pesar de vivir en la era de los mitos y los monstruos —también conocida como la Antigua Grecia—, fue uno de los primeros pensadores conocidos que aportó un enfoque más analítico a la muerte. Para Aristóteles, la idea de la muerte debía abordarse con un tipo de razonamiento diferente, sin que eso significase que Dios no existía. Sus principios iniciales darían lugar al examen de la vida que conocemos como ciencia, lo que a su vez inspiraría diferentes posiciones sobre el significado de la muerte.

Echemos un vistazo a algunas de las formas en que las personas no creyentes han abordado y siguen abordando la muerte y lo que viene después.

UN «NO SÉ» DEFINITIVO EN EL AGNOSTICISMO

Los términos *agnóstico* y *agnosticismo* fueron acuñados en 1869 por un biólogo inglés llamado Thomas Henry Huxley, que intentaba definir una postura filosófica que rechaza la posibilidad de afirmar algo sobre lo que no hay pruebas. En nuestro caso, esto incluye la vida después de la muerte. Por supuesto, este tipo de postura escéptica existía mucho antes de Huxley. Sin embargo, en una época en la que Charles Darwin estaba a punto de revolucionar nuestra comprensión de la vida humana, la idea del agnosticismo dio un mayor respaldo a quienes cuestionaban la existencia de seres superiores.

La palabra *agnosticismo* proviene del griego *agnōstos*, que significa «incognoscible». En otras palabras, la existencia de los dioses es algo que no podemos demostrar científicamente y, por lo tanto, es incognoscible. Así pues, la vida tras la muerte es algo que puede existir o no. Lo que define al agnóstico es, precisamente, la aceptación de esa incertidumbre.

UNA CUESTIÓN IRRELEVANTE EN EL ATEÍSMO

El ateísmo comparte la posición escéptica del agnosticismo, pero estas dos posturas se diferencian en que un ateo va más allá y reconoce que «no cree en los dioses». Cuando el agnóstico dice «no lo sé», el ateo dirá «rechazo la afirmación de que existen dioses». Como resultado, la idea de un alma o cualquier tipo de vida después de la muerte no figura en el concepto ateo de la vida y la muerte. La muerte es simplemente el final de la vida, aunque obviamente no carece de significado emocional e impacto personal para quienes quedan atrás. Mientras que un creyente religioso devoto puede encontrar consuelo en la creencia de que le espera el cielo después de morir, el ateo puede encontrar el mismo consuelo en la creencia de que no hay nada.

EL PESO DEL ALMA

Dado que la mayoría de los primeros científicos también eran firmemente religiosos, la idea de que pudiéramos proporcionar pruebas definitivas de la existencia del espíritu humano era de gran importancia. Uno de esos eruditos, el estadounidense Duncan MacDougall, se propuso demostrar la existencia del alma humana. En 1907, publicó lo que se conoce como el «experimento de los 21 gramos».

En ese ensayo participaron seis personas que estaban a punto de morir. Los colocaron en sus camas encima de una balanza y los pesaron. Con la hipótesis de que el alma tenía un peso y que tras la muerte abandonaba el cuerpo, comprobaban si, cuando esto sucedía, había alguna fluctuación de peso corporal. Un hombre perdió 21 gramos al morir, lo que llevó a algunos a pensar que ese era el peso científico del alma. Desafortunadamente, el experimento adolecía de una serie de defectos y desde entonces fue desacreditado.

UNA CHISPA DE VIDA EN LA MUERTE

Hasta ahora, la ciencia moderna no ha podido demostrar la existencia de la vida después de la muerte; para muchos, esto se debe a que no existe. No obstante, los datos de varios estudios internacionales sugieren que una de cada diez personas que han tenido una experiencia cercana a la muerte —ya sea tras ser reanimadas de una muerte clínica o al haber estado en una situación de peligro inminente— ha experimentado actividades «conscientes». Suelen relatar experiencias extracorpóreas, encuentros con familiares fallecidos o la percepción de una luz brillante.

Estos relatos han inspirado a neurólogos, como Jimo Borjigin, a investigar más a fondo. Los estudios de este neurólogo han demostrado un aumento de la actividad en las áreas del cerebro asociadas con la conciencia después del inicio de la muerte y en el período previo a la muerte cerebral total. Aunque esto no prueba nada sobre la existencia después de la muerte, esta actividad inesperada —que no tiene un propósito biológico claro— sigue motivando a los científicos a indagar exhaustivamente qué experimenta nuestra mente en el umbral de la muerte.

CAPÍTULO DOS:
DE CENIZAS A CENIZAS

Una vez que abandonamos esta vida, muchos de nuestros seres queridos sentirán el impacto de nuestra ausencia y deberán aceptar la pérdida. Los ritos funerarios nos dan la oportunidad de compartir el significado del acontecimiento de la muerte y de celebrar la vida de la persona fallecida. En este capítulo, veremos una instantánea de la asombrosa variedad de ceremonias y rituales funerarios que se practican en el mundo, junto con una increíble variedad de actitudes en las formas de honrar a los muertos.

RITOS ANTIGUOS

Sabemos que incluso los humanos prehistóricos sentían la necesidad de honrar el fallecimiento de sus semejantes. A medida que las civilizaciones se iban desarrollando, las ideas sobre el más allá y la experiencia del alma después de la muerte se fueron ornamentando. Sin embargo, en lo que respecta al comportamiento funerario, los arqueólogos han descubierto que algunos humanos prehistóricos habían dado un paso más que las civilizaciones más modernas.

En muchas civilizaciones antiguas, los funerales eran un privilegio para los ricos y las personas de alta posición social. Los reyes, los líderes espirituales y aquellos que simplemente habían acumulado suficiente riqueza para permitirse una despedida elaborada eran a menudo los únicos afortunados que contaban con ceremonias especiales y monumentos erigidos para rememorar su fallecimiento. Una persona común y corriente no podía plantearse ni remotamente algo tan impresionante.

Echemos un vistazo a las maravillosas formas en que diferentes culturas a lo largo de los siglos honran a sus muertos.

🌼 PRESERVACIÓN REAL 🌼

Algunos de los monumentos conmemorativos de los que se tiene constancia son también algunos de los más grandiosos. Tomemos, por ejemplo, la colosal montaña artificial que es la Gran Pirámide de Giza. Tiene una altura de 146,6 metros, y fue construida alrededor del 2600 a. C. para honrar y albergar el cuerpo del faraón Keops.

La actitud de los egipcios hacia la muerte se centraba en la protección y el recuerdo. La pirámide preservaba la memoria del faraón, pero el cuerpo también debía ser inmortalizado mediante la momificación. Los egipcios creían que el cuerpo terrenal y el alma celestial estaban indisolublemente unidos, por lo que cualquier daño que sufriera el cuerpo sería perjudicial en la otra vida. En sus cámaras fortificadas, recubiertas de metales preciosos e inscripciones sagradas, los poderosos soberanos de Egipto intentaban disponer de las mejores condiciones posibles en la otra vida, y sus discípulos afligidos podrían contemplar con asombro sus épicas tumbas piramidales y recordarlos.

ZARPANDO HACIA EL MÁS ALLÁ

Muchas culturas europeas antiguas creían que el rito de despedida determinaba el destino de un individuo en el más allá. Un ejemplo notable es el de los pueblos nórdicos de la era vikinga, entre los años 800 y 1050 d. C. Como sociedad profundamente ligada al mar, aquellos considerados dignos eran honrados con «entierros en barco». A diferencia de la versión romántica que se muestra en las películas, en la que un barco vikingo en llamas se hace a la mar, lo habitual era que el cuerpo fuera enterrado en un barco real, o, en algunos casos, en una tumba con forma de barco. La embarcación se enterraba bajo un túmulo (un montículo de tierra) junto con diversos objetos personales valiosos o significativos. Al ser enterrados en un barco, los vikingos permanecían conectados con su orgullosa herencia y disponían de una embarcación que les ayudaba en su viaje al más allá.

EL EJÉRCITO DE TERRACOTA
DE QIN SHI HUANG

Mientras que las pirámides del antiguo Egipto y las embarcaciones de los vikingos ofrecían protección a los muertos, el cuerpo del primer emperador de China, Qin Shi Huang (hacia finales del 200 a.C.), está protegido por todo un ejército. En 1974, a poco más de un kilómetro del lugar donde se encuentra la tumba del emperador en el monte Li, un grupo de agricultores se dispuso a cavar un pozo y terminó descubriendo algunas de las obras de arte funerario más elaboradas jamás vistas. Una vez que se alertó a los arqueólogos sobre el hallazgo, se excavó la zona y finalmente se descubrió una vasta necrópolis, una «ciudad de los muertos». Se trataba de una versión a escala reducida del antiguo complejo palaciego de Qin Shi Huang, que abarcaba unos 98 kilómetros cuadrados. ¡Esto lo convirtió en el yacimiento funerario más grande conocido de la historia!

Una de los aspectos más fascinantes de la excavación es la gran cantidad de estatuas de terracota, alrededor de dos mil, que en su mayoría son soldados organizados por su rango. Los arqueólogos estimaron que originalmente había unas ocho mil estatuas, seis mil de las cuales aún están ocultas o destruidas. Las estatuas fueron realizadas con increíble cuidado y atención al detalle, representando con precisión el variado estatus de los soldados, colocados en docenas de filas espaciadas uniformemente. También hay pruebas de que originalmente estaban policromadas y portaban armas reales, lo que les confería un realismo más intimidante. Al fin y al cabo, el ejército se creó para proteger al emperador y su palacio en el más allá. Evidentemente, Qin Shi Huang tenía lo que podría clasificarse como la mayor obsesión jamás vista por garantizarse una vida lujosa y protegida después de la muerte. Nada menos que 700.000 trabajadores se dedicaron durante más de treinta y ocho años a elaborar esta épica «póliza de seguro» para la otra vida.

> ### *No existe la muerte.*
> ### *Solo un cambio de mundos.*

Jefe Seattle

¿EL CARRUAJE FÚNEBRE MÁS GRANDE JAMÁS CONSTRUIDO?

Si la necrópolis de Qin Shi Huang es uno de los lugares de descanso más fastuosos que se conocen, el récord de dispendio en un funeral se lo lleva Alejandro Magno.

Su despedida fue grandiosa y esplendorosa. El traslado de su cuerpo desde Babilonia hasta Egipto en un carruaje magníficamente decorado tardó dos años hasta que, finalmente, fue trasladado a su tierra natal. Se le dio un funeral digno de un guerrero y rey legendario, con una enorme procesión militar. Quizás el aspecto más espectacular de todo fue su majestuoso carruaje fúnebre. Tras ser emplazado en un ataúd lleno de miel, que a su vez se colocó dentro de un sarcófago de oro, fue transportado dentro de una imponente tumba sobre ruedas. Esta tumba tardó dos años en construirse y fue tirada por sesenta y cuatro mulas. Algunas de sus características más llamativas incluían una bóveda de oro decorada con piedras preciosas —sostenida por columnas jónicas de oro—, cuatro estatuillas de oro y paneles que representaban a Alejandro y su fiel ejército. ¡Posiblemente haya sido este el ataúd más ostentoso de la historia!

UNA FÓRMULA FUNERARIA BÁSICA

Mientras personajes como Alejandro Magno recibían despedidas que pasarían a la historia, la sociedad de la Antigua Grecia optaba por un estilo completamente diferente. Con su característico sentido de la democracia —pensemos en Platón y en Sócrates—, los griegos establecieron formas más modestas y prácticas de honrar y recordar a los fallecidos.

Un funeral griego típico constaba de tres etapas principales. La primera era la *prothesis*, un período en el que se preparaba el cuerpo y se exponía dentro de la casa para que los amigos y familiares pudieran acudir a presentar sus respetos. Le seguía la *ekphora*, en la que se llevaba el cuerpo al cementerio; a menudo seguido de una procesión de dolientes que, en ocasiones, iba acompañada de música. Finalmente, tenía lugar el sepelio o la cremación, y el sepultamiento del cuerpo o las cenizas. A continuación, se procedía al *perideipnon*, un banquete en honor al difunto. Con el paso del tiempo, esta fórmula funeraria básica se convirtió en el modelo utilizado por mucha gente hoy en día en Occidente para despedirse de sus seres queridos.

UNA COFRADÍA FUNERARIA ROMANA

Los romanos heredaron muchas costumbres y prácticas de los antiguos griegos. En el caso de los funerales, tomaron medidas para garantizar que las ceremonias fueran asequibles para la mayoría de la gente. Aunque eventualmente se seguían celebrando costosos eventos para los dignatarios, los romanos restringieron las cantidades económicas que se podían invertir en gastos funerarios, aplicando leyes suntuarias —para el consumo de bienes de lujo personal— que limitaban cuánto se podía cobrar para ello. También se crearon gremios que ayudaban a que la gente común se pudiera permitir dar una despedida digna a sus seres queridos. Los que tenían dificultades económicas podían suscribirse por una cuota fija, de modo que, cuando llegara el momento del funeral, el gremio se haría cargo de los gastos. A los esclavos romanos también se les daba algún tipo de entierro: muchos eran enterrados en una fosa común, pero los que eran apreciados incluso podían llegar a ser enterrados en la tumba familiar.

UN CAMINO EXTREMO HACIA LA BUDEIDAD

La práctica budista de tradición Mahāyāna conocida como *sokushinbutsu*, o automomificación, es posiblemente una de las prácticas más extremas que han existido. El budismo es conocido por relegar el yo —cuerpo y mente— en favor de la iluminación espiritual. *Sin embargo, el sokushinbutsu* era una práctica muy poco común que no consistía en morir para alcanzar la iluminación, sino en entrar en un estado de meditación eterna que trasciende la vida y la muerte. En un acto de compasión, posponían alcanzar su propio nirvana y seguían trabajando por la salvación de los demás hasta la llegada del Buda Maitreya.

¿Cómo funciona el proceso de automomificación? Un monje completaba este proceso en unos tres mil días. A partir de estrictas dietas y con la ayuda de otros monjes, se iba deshidratando y muriendo lentamente hasta el punto de desecarse. A medida que su cuerpo se degradaba, el monje meditaba y cantaba el nombre del Buda Amitābha. Esto les permitía alcanzar un estado espiritual en el que trascendían al dolor. Tal práctica, que se completaba con la muerte, fue prohibida en 1879.

UNA «CIUDAD DE LA MUERTE» EN LLAMAS

En ciertas culturas, se acepta plenamente el vínculo inextricable entre la muerte y la destrucción del cuerpo. Un ejemplo emblemático es Varanasi, la ciudad más antigua de la India, la cual tiene una importancia especial para los hindúes, ya que es un lugar sagrado al que los devotos desean acudir para morir y ser incinerados.

A orillas del sagrado río Ganges se encuentran los *ghats*, plataformas ceremoniales destinadas a la cremación. Estas piras funerarias están reservadas para los devotos más afortunados. Se cree que aquellos que son entregados a las llamas de Varanasi y cuyas cenizas son depositadas en el Ganges han alcanzado la iluminación definitiva. El ciclo de la reencarnación termina para ellos y pueden alcanzar *el moksha* (la liberación definitiva). Esta forma sagrada de funeral es tan codiciada que las piras arden constantemente, las veinticuatro horas del día los siete días de la semana, y se dice que han ardido sin descanso durante cientos de años.

EL TOQUE PERSONAL

Como hemos visto, para ciertos pueblos y figuras históricas, la premisa siempre fue «cuanto más grande, mejor» (Alejandro Magno, te estamos viendo...).

Cambiemos ahora de rumbo y exploremos algunas de las diferentes formas en que algunas culturas han adoptado un toque más personal en lo que respecta a sus muertos. Ya sea con un ataúd personalizado o con la despedida más llamativa, los siguientes ritos funerarios y prácticas culturales te mostrarán la variedad de formas en que las personas rinden homenaje a sus familiares y amigos.

VESTIR A LOS MUERTOS

En la isla de Sulawesi, Indonesia, los torajanos creen que el espíritu permanece en la tierra hasta que es enviado formalmente a Puya, la tierra de los espíritus, mediante su funeral. Estos funerales pueden ser elaborados y costosos, por lo que a veces se conserva al difunto y se le mantiene en casa durante algún tiempo para que la familia pueda ahorrar suficiente dinero. Son ceremonias que pueden durar hasta doce días e incluyen el sacrificio de animales, como cerdos y búfalos.

En una tradición conocida como el ritual Ma'nene, los habitantes de Sulawesi exhuman los cuerpos de sus seres queridos para limpiarlos y vestirlos con ropas nuevas. ¡A algunos afortunados incluso se les ofrece un cigarrillo! Es un acto para cuidar a sus muertos.

> El ritual Ma'Nene se celebra aproximadamente cada tres o cinco años, dependiendo del miembro de la familia y de lo acordado antes de su muerte. Se trata de un ritual funerario muy importante, ya que permite a la familia reunirse con sus antepasados y mantener profundos lazos familiares. Esta ceremonia puede prolongarse durante mucho tiempo, incluso puede llegar a los cien años, y se lleva a cabo con el máximo cuidado y atención.

🌸 CERCA DE CASA 🌸

En Nigeria, varios grupos étnicos —como los igbo, yoruba, ikwerre y tiv— adoptan un enfoque igualmente íntimo hacia sus difuntos y optan por enterrarlos dentro del hogar. A menudo se les da sepultura en la habitación que ocupaban y se les entierra con objetos que les ayudarán en su viaje al otro mundo, como linternas y comida.

Para el pueblo tiv, el lugar de sepultura se determina según la naturaleza del fallecimiento. Una «buena muerte» es aquella que ocurre de forma digna e indolora, por causas como la vejez; en estos casos, el entierro en el hogar se convierte en la celebración de una vida plena y el reencuentro con sus antepasados. En el caso de una «muerte mala» —aquella que es prematura o por cáncer, percibidas como fuerzas malignas—, el entierro suele tener lugar en un cementerio público.

Residir en el lugar donde están enterrados los familiares es una forma sincera de honrar y mantenerse conectado con la memoria de los que han fallecido. Actualmente, los entierros en casa son ilegales en Nigeria, aunque es una tradición que sigue viva.

VIAJAR AL MÁS ALLÁ CON ESTILO

Sin salir del continente africano, esta vez en Ghana, podemos observar una de las formas más creativas, expresivas y personalizadas de arte funerario. Muchos ghaneses creen que la muerte es una transición del alma a un reino donde habitan sus antepasados. Honrar adecuadamente a los muertos ayudará a que este paso se produzca sin problemas.

¡Entran en escena los ataúdes de fantasía! ¿Quién quiere ser enterrado en una simple caja de madera cuando se puede viajar al más allá en un pollo gigante, un avión o una chalota? Estas son solo algunas de las fantásticas creaciones que han salido del taller del escultor ghanés Seth Kane Kwei en Accra. La idea es que el ataúd de cada persona sea una celebración colorida y exuberante de su personalidad, sus intereses o su ocupación, lo que da lugar a creaciones muy variadas y únicas.

Supongamos que eres un agricultor que cosecha remolachas y que tu amor por ellas no tiene límites: podrías ser enterrado en una remolacha gigante. ¿En qué tipo de ataúd te gustaría que te enterraran?

CUANDO LOS SANTOS MARCHAN

Cuando se trata de manifestaciones vibrantes en el proceso de duelo, Nueva Orleans, famosa por su actitud y su ambiente jubilosos, es difícil de superar. Inspirándose en las vivaces costumbres africanas, los habitantes de esta ciudad de Estados Unidos han desarrollado una forma única de despedir a sus difuntos. Un funeral jazzístico es exactamente lo que parece: una procesión callejera acompañada por los enérgicos sonidos de una banda de música que toca temas tradicionales de jazz. Cuando el ataúd es trasladado al cementerio, la banda mantiene un tono sombrío y toca algo típicamente espiritual. Sin embargo, en el camino de vuelta, el tempo se acelera hasta convertirse en una celebración musical llena de alegría.

Este tipo de ceremonias suelen ser una forma de recordar a los músicos, pero están abiertas a cualquiera que desee ser despedido con una alegre canción resonando en su alma.

LA CARGA DE LOS DOLIENTES

Para las mujeres de la tribu Dani, en la región indonesia de Papúa Occidental, el dolor del duelo tiene una dimensión física añadida. Se trata del ritual Ikipalin, en el que a una mujer de la familia del difunto se le amputa un dedo. Este ritual fue prohibido por el Gobierno indonesio, pero algunas familias siguen practicándolo.

En el ritual Ikipalin, la amputación se ejecuta con un hacha de piedra o atando el dedo con una cuerda para que se atrofie. Es una forma de simbolizar la profundidad y la gravedad del dolor tras la pérdida de un ser querido. Al igual que la pérdida del individuo ha debilitado a la familia o la tribu, la pérdida del dedo debilita la mano.

PARA LAS AVES

¿Has oído hablar de los «entierros celestiales»? Esta práctica consiste en dejar el cuerpo de un ser querido en cimas elevadas para que sea consumido por las aves de rapiña. Se asocia principalmente con el budismo vajrayana en el Tíbet, que enseña que el espíritu de una persona fallecida se libera en el momento de la muerte. Por lo tanto, el cuerpo físico es simplemente un «caparazón».

Esta creencia, junto a la realidad geográfica de que en las montañas tibetanas el suelo es demasiado duro para cavar una tumba, ha dado lugar a un método de entierro único. Se llama *jhator*, que significa «dar limosna a las aves» o «esparcido por las aves». Este ritual funerario sagrado consiste en alimentar a los buitres con el cuerpo del difunto; algo que va en consonancia con la filosofía vajrayana: generosidad y compasión hacia todos los seres, incluida la avifauna local.

CONSUMIDOS POR EL FUEGO Y LA FAMILIA

La tribu seminómada yanomami, de la selva amazónica de Sudamérica, tiene una forma diferente de honrar a sus muertos. Creen que el alma solo puede alcanzar el mundo espiritual si el cuerpo es incinerado y luego los restos son devorados, no por las aves, sino por los miembros de la misma tribu.

Cuando alguien fallece, su cuerpo se cubre con hojas y se deja en la selva tropical durante un período de entre treinta y cuarenta y cinco días. A continuación, el cuerpo se incinera y las cenizas se muelen hasta convertirlas en polvo. Este se añade a un caldo a base de plátano que se reparte entre la comunidad. Al consumir el cuerpo de ese ser querido, la tribu se asegura de que su espíritu se mantenga vivo durante generaciones y de que llegue al mundo espiritual en paz.

MEMORIALES MODERNOS

El modelo funerario heredado de la Antigua Grecia —preparar el cuerpo para que luzca «presentable», trasladarlo a un lugar de reposo y oficiar una ceremonia seguida de un acto conmemorativo— tuvo gran aceptación en muchas partes de Europa. Persistió durante la Edad Media y el Renacimiento, a lo largo de la modernidad temprana y hasta nuestros días. Dicho esto, fuera de muchos contextos religiosos, no existe una forma moderna estrictamente establecida de despedirse de un ser querido. Las opciones laicas ofrecen un amplio abanico de opciones, en las que cada persona puede decidir el papel que desea desempeñar —o no— en el proceso. Tener la libertad de determinar los detalles de tu propio funeral, sin límites en cuanto a lo que eso pueda implicar, podría considerarse un enfoque liberador de la muerte.

POLVO AL POLVO

La cremación, que consiste en reducir el cuerpo a cenizas mediante la incineración, ha formado parte de los ritos funerarios de todo el mundo durante milenios. Para muchas culturas, el fuego se considera una fuerza purificadora, ya que el alma del cuerpo incinerado pasará al más allá sin mancha.

La cremación occidental moderna suele ser tanto práctica como espiritual. La gente elige esta opción para sentir la libertad a través de la disolución, y además los restos se guardan en un pequeño recipiente, que puede tenerse en casa, aportando la tranquilidad de que en cierto modo el difunto sigue estando con los que ha dejado atrás. Que el lugar de descanso eterno de alguien sea un espacio en la repisa de la chimenea junto a un viejo reloj de carruaje quizá no sea la idea general de un tributo adecuado, pero es muy cómodo tener las cenizas en una urna que fácilmente se puede guardar y trasladar a casi cualquier lugar.

Tampoco nos olvidemos de que las cenizas se pueden esparcir en el lugar que haya deseado el difunto, para poder descansar en ese sitio que le proporcionó alegría.

🌸 MUERTE Y DISOLUCIÓN 🌸

Como alternativa moderna a la cremación tradicional, ha surgido la «aquamación». El cuerpo se disuelve en una solución alcalina fuerte a altas temperaturas hasta que solo quedan los restos óseos. Posteriormente, estos se secan y se procesan hasta obtener un polvo fino, similar a las cenizas, que la familia puede conservar o disponer según su voluntad.

¿Por qué alguien optaría por este método en lugar del tradicional? La razón principal es reducir el impacto ecológico. Según algunas estimaciones, la aquamación consume un 90 % menos de energía que la cremación, no contamina el aire y sus subproductos son totalmente seguros para el medio ambiente. Además, el volumen de las «cenizas» es mayor, por lo que da la sensación de que se ha conservado una mayor parte del difunto. De todos modos, esta opción es algo más cara y no todo el mundo se la puede permitir.

LO QUE EL VIENTO SE LLEVÓ

Muchas de las personas que optan por la cremación para su funeral también planean que sus cenizas sean esparcidas en lugares que fueron significativos para ellas durante su existencia. Es natural que, al morir, queramos conectar con aquellos lugares de alegría o relevancia espiritual fundiendo nuestros restos con el medio ambiente. ¿Se te ocurre algún lugar? Si no es así, otra alternativa es la dispersión aérea: las cenizas se transportan en una avioneta o un dron y se liberan en el aire. Esto puede hacerse en un lugar elegido, pero, más allá de la ubicación geográfica, para algunas personas más bien se trata del concepto de liberarse en el firmamento. Fundirse con el viento puede ser una señal liberadora de unión con las fuerzas siempre presentes en la naturaleza.

🌸 CONEXIÓN DIGITAL 🌸

Hay quien sostiene que la tecnología moderna, y en particular las pantallas, resta valor al tipo de conexión genuina que solo el contacto presencial puede brindar. Sin embargo, tras la pandemia del covid-19 y las estrictas restricciones implantadas para detener la propagación del virus, muchos han llegado a considerar la comunicación digital como un salvavidas, incluso en el ámbito funerario. De hecho, para aquellos a quienes se les prohibió asistir a un funeral durante los confinamientos, ver la ceremonia en pantalla era su única opción. Hoy en día, gracias a un uso consciente y respetuoso de la tecnología, es posible elegir un funeral retransmitido en directo. Cualquier ceremonia que se celebre se puede retransmitir por internet a través de un enlace privado para los familiares y amigos que no puedan desplazarse para asistir al funeral.

ASISTIR A TU PROPIO FUNERAL

Si bien la muerte suele ser una carga emocional abrumadora para quienes sobreviven a un ser querido, el concepto de «funeral en vida» transforma esta experiencia por completo. Como su nombre indica, un funeral en vida es un evento organizado mientras la persona está viva. No es un funeral en sentido estricto, pero este evento ofrece a quien presiente el final de sus días la oportunidad de celebrar el final de su existencia rodeado de amigos y familiares, y tal vez declarar cosas más formales, como su última voluntad y su testamento. Aunque esta experiencia conlleva emociones contradictorias para la persona homenajeada y sus seres queridos, la idea es centrarse exclusivamente en lo positivo. Se trata de valorar su vida para mostrarle lo mucho que la aprecian y homenajearla antes de que fallezca.

Nuestros muertos
nunca mueren para nosotros,
hasta que los olvidamos.

George Eliot

DÍA DE LOS MUERTOS

En México se celebra una fiesta muy elaborada en honor a los difuntos. El Día de los Muertos es una festividad muy popular que cada año tiene lugar entre el 1 y el 2 de noviembre. El objetivo principal es recordar y honrar a los familiares y amigos que han fallecido.

Los altares domésticos, conocidos como *ofrendas*, se decoran con fotos de los difuntos, sus comidas favoritas, velas y caléndulas de color amarillo brillante, entre otras cosas. El dulce aroma de las caléndulas guía a los espíritus de los difuntos hacia el altar, y se encienden velas para iluminar su camino y orientarlos. La gente también acude al cementerio, haciendo banquetes, contando historias de los difuntos y tocando música, mientras limpian y decoran las tumbas de sus seres queridos.

Para ellos, en el Día de los Muertos no es para llorar a los que se han ido, sino para celebrar quiénes eran. Creen que los espíritus escuchan estas celebraciones y, en estos días, regresan para visitarles, utilizando las ofrendas que se les ha hecho —por ejemplo, un faro— para que encuentren el camino de regreso a casa.

UN DIAMANTE ES PARA SIEMPRE

Al igual que con cualquier otra cosa, en lo que se refiere a los funerales, el dinero también influye en las decisiones personales. Mientras que algunos desean partir discretamente y sin mucho alboroto, hay quienes quieren darle un poco más de trascendencia al evento. En este caso, *convertir* es la palabra clave. Para aquellos que creen en el eslogan de que «un diamante es para siempre», ¿qué mejor manera de inmortalizarse que convertir sus cenizas en una piedra preciosa? Una vez que el cuerpo ha sido reducido a cenizas, se extrae el carbono mediante un riguroso proceso científico. A partir de ahí, se crea un diamante certificado utilizando una prensa de alta temperatura y alta presión. Incluso es posible elegir el color y el corte, y elaborar una joya con él. ¡Una forma bastante brillante de recordar a un ser querido que ha fallecido!

ALCANZANDO LOS CIELOS

Si consideras que transformar las cenizas de una persona en diamantes es una extravagancia, imagínate el gasto que supone ponerlas en órbita. Los entierros espaciales existen desde 1992, cuando el transbordador espacial *Columbia* de la NASA llevó al espacio una muestra de las cenizas del creador de *Star Trek,* Gene Roddenberry, antes de regresar a la Tierra con ellas. Aunque esto resulta apropiado para un guionista cuya vida entera se basó en la maravilla de los viajes espaciales, no es algo a lo que un ciudadano normal y corriente puede acceder. No obstante, los vuelos espaciales ahora se están abriendo a los clientes particulares. Si dispones del dinero necesario, es posible que una de las dos empresas que se dedican a ello —una con sede en Estados Unidos y otra en Japón— lleve tus restos mortales o los de un ser querido más allá de la atmósfera. Muchas religiones sitúan el paraíso entre las estrellas y, para esos pocos privilegiados que pueden permitírselo, hoy es posible ser transportado literalmente hasta allí.

CAPÍTULO TRES:
MITOLOGÍA MACABRA

Ya hemos expuesto que en todo el mundo la idea de la muerte y el más allá está intrínsecamente relacionada con las narrativas culturales y religiosas, y que incluso la primera historia jamás escrita abordaba este misterio. La belleza de los mitos y leyendas populares, surgidos al margen de las doctrinas dominantes, reside en que a menudo provenían de una imaginación menos condicionada por influencias externas. Muchas culturas y creencias indígenas han sido tachadas de retrógradas o blasfemas por colonizadores y cruzados religiosos; sin embargo, son tan ricas y profundas como cualquier otra, por supuesto. Los personajes de estos fascinantes relatos de distintas partes del mundo serán los protagonistas de este capítulo.

MITOS DE
LA EUROPA ANTIGUA

En las antiguas creencias paganas de Europa subyace una vasta diversidad de presagios de muerte; desde mensajeros benevolentes hasta criaturas sobrenaturales aterradoras. Ya sabemos cuánto heredaron los romanos de los griegos a este nivel, y también que hay un cruce de ideas sobre las deidades que representan la muerte y el más allá en otras culturas de este continente. Al personificar fuerzas elementales como la muerte, los mitos paganos de Europa las hicieron más familiares. Si la transición hacia la muerte tiene su propio elenco de personajes, cada uno con un rol definido, la experiencia puede interpretarse como una trama inevitable dentro de la propia historia vital. No podemos asegurar si esto daba consuelo a los antiguos pueblos, pero la creencia de que las deidades regían su destino significaba que, en última instancia, la muerte estaba fuera de su alcance.

EL ORIGEN DE LA PARCA

Los antiguos bretones, córnicos y galeses concebían la muerte de una manera que la mayoría de nosotros en Occidente reconoceríamos inmediatamente. ¿Te imaginas una figura sombría, envuelta en una túnica con capucha y portando una guadaña? Esa es la idea.

En el folclore bretón, Ankou es el servidor de la muerte, que se manifiesta como un hombre o un esqueleto, vestido con una túnica oscura y un sombrero que le cubre el rostro. Empuña una guadaña y viaja en un carro tirado por cuatro caballos negros, con dos figuras fantasmales a su lado. El trabajo de Ankou es recoger las almas de los muertos. Existen varias historias sobre su origen, pero la versión más detallada sugiere que en otro tiempo fue un príncipe que se encontró con la Muerte durante una partida de caza. El arrogante príncipe le propuso un desafío para ver cuál de los dos era el primero en matar a un ciervo negro. Lamentablemente, la Muerte salió victoriosa y, como castigo por su derrota, el príncipe fue condenado a vagar eternamente por la Tierra como un demonio.

UN HORRIBLE HABITANTE SUBTERRÁNEO

Los etruscos eran un pueblo antiguo que ocupó lo que hoy es Italia, tanto antes como después del ascenso de Roma. Al igual que los romanos, creían en muchas deidades, incluidos múltiples dioses de la muerte. Vivían en un mundo en el que se podía negociar con los dioses y las diosas; sin embargo, en el caso de Tuchulcha, un demonio del inframundo, cualquier súplica podía caer en saco roto. La apariencia de Tuchulcha era una curiosa mezcla de rasgos animales. Tenía orejas de burro, un pico en lugar de nariz y de su cabellera salían serpientes, todo ello sobre un alado cuerpo humanoide y vestido con una túnica roja.

Lamentablemente, su papel en el inframundo —conocido como Aita por los etruscos— no está del todo claro debido a las escasas pruebas que han sobrevivido. De todos modos, algunos aseguran que Tuchulcha existía para atormentar a las almas que llegaban al más allá.

🌸 EL CRUCE DE UN RÍO 🌸

En la Antigua Grecia, el tránsito hacia el inframundo era asistido por el célebre barquero Caronte. Muchos están familiarizados con el río Estigia —y quizás menos con el río Aqueronte—, que con la ayuda de Caronte debe cruzarse para pasar al más allá propiamente dicho. La costumbre romana de ser enterrado con una moneda bajo la legua del difunto era para que pudiera pagar los honorarios de este barquero.

Las representaciones modernas muestran al barquero como una figura sombría y encapuchada, muy parecida a la Parca. El poeta romano Virgilio lo describió como un «dios sórdido» y de aspecto descuidado, con ojos como «hornos huecos», pero las representaciones en la cerámica griega antigua lo muestran como un marinero de aspecto bastante corriente.

LA SENDA HACIA HEL

En la mitología nórdica antigua, concretamente en la *Edda prosaica*, el más allá tiene varios reinos. Uno de ellos, Hel, está presidido por un ser femenino, también conocido como Hel. Suena infernal, ¿verdad? ¡Pues no! Curiosamente, aunque el término inglés Hell (infierno) deriva de esta palabra, en nórdico antiguo simplemente significa «inframundo». No implica ningún castigo diabólico, y lo mismo se aplica a la naturaleza de su gobernante.

Normalmente, se la representa como una mujer de aspecto severo con un bastón y un perro «mitad negro y mitad color carne». Es la hija del travieso dios Loki, y fue asignada para supervisar Hel por el dios de los dioses, Odín. Por supuesto, solo aquellos que morían por causas «naturales», como la vejez o la enfermedad, se enfrentaban a Hel en su lúgubre reino; los que tenían la suerte de morir en combate estaban destinados a los grandes salones del Valhalla.

MITOS DE AMÉRICA DEL NORTE

Sabemos que la historia más reciente de América del Norte se ha visto marcada por las atrocidades cometidas durante la colonización, pero, afortunadamente, se han conservado algunas de las voces de algunas de sus tribus nativas. Ejemplos de preservación de la cultura indígena son las reservas, los programas de inmersión lingüística, la devolución de objetos sagrados y los restos de sus antepasados, la documentación de historias orales y la protección de lugares históricos y sagrados.

Por supuesto, existe una gran variedad de perspectivas dentro de los distintos grupos indígenas, pero todos ellos comprenden los ciclos de la vida a través de algunos personajes fascinantes que desempeñan un papel en sus historias. Lo mismo sucede con otros grupos que se han asentado —ya sea por voluntad propia o por la fuerza— en América del Norte y que se esfuerzan por preservar su propia cultura en una nueva tierra. Estas tradiciones y narrativas se suman al carácter diverso de los Estados Unidos, y se puede compartir y apreciar una amplia variedad de conceptos relacionados con la vida y la muerte.

EL HOMBRE ESQUELETO

Muchas tribus nativas americanas tienen una concepción particular de la transición de la vida a la muerte. A menudo, este tránsito culmina con la reunificación del espíritu de una persona con los de sus antepasados y sus seres queridos en el mundo celestial. Sin embargo, algunas tribus sostienen que existen guardianes específicos que custodian los mundos espirituales.

Echemos un vistazo a los hopi de Arizona, cuyo nombre significa «gente pacífica». Creen en un ser llamado Masauwu, el Hombre Esqueleto, que es el espíritu de la Muerte. Masauwu gobierna la superficie de la Tierra y el inframundo que hay debajo. Su apariencia es peculiar: viste una manta tejida decorada, tiene la cabeza calva y manchada de colores, con unos orificios circulares bien definidos a modo de ojos y boca. Aunque Masauwu no es técnicamente un esqueleto, es muy fácilmente reconocible por su máscara con forma de calavera. En algunas representaciones, su cabeza está adornada con ramas de árboles y plumas durante la ceremonia Soyal. Lleva una antorcha, ya que también es el guardián del fuego. A pesar de su apariencia temible, Masauwu es en realidad una figura benevolente que vela por la humanidad y transmite a las personas sus conocimientos de agricultura.

UN EMBAUCADOR PELIGROSO

Otros mitos de los nativos americanos son algo más aterrado-res. Para los pueblos wampanoag y narragansett, el espíritu de la muerte se conoce como Hobomock, un hombre del saco destructivo. Protagoniza algunos cuentos para disuadir a los niños pequeños de portarse mal. Sin embargo, Hobomock no se dedica a juegos infantiles: en algunas leyendas, se dice que ha robado los párpados de algunas almas desafortuna-das para que nunca puedan volver a dormir. También se dice que retuerce los pies de sus pobres víctimas, dejándolas cojas.

En la leyenda nipmuc, Hobomock es retratado como un embaucador malvado cuyo único fin es atormentar a los vivos. Una historia narra cómo Hobomock convirtió la co-secha de un pueblo en piedra, pero pudo ser burlado. El Cuervo, otra figura clave y transitoria en el panteón de la muerte de los nativos americanos, lo convenció de que de-volviera la cosecha a su estado original como demostración de sus habilidades.

UN OSO BENEVOLENTE

A menudo, el folclore de una cultura concreta refleja las costumbres y la vida cotidiana de las personas que la integran. Veamos algunas de las creencias del pueblo inuit, habitantes indígenas de las regiones árticas y subárticas de América del Norte.

La caza y la pesca son fundamentales en su modo de vida. Entre sus deidades destaca Torngarsuk: señor de las ballenas y las focas, capaz de adoptar la forma de un oso, un hombre con un solo brazo o un dedo gigante. No solo domina a los animales acuáticos y el mar, sino que también es el dios del inframundo. Si lo analizamos, tiene mucho sentido que la entidad encargada de la principal fuente de alimentación de un pueblo también esté vinculada con la muerte, al igual que Masauwu, dios de la tierra y la agricultura. Afortunadamente, Torngarsuk es un ser benevolente que supervisa a un grupo de espíritus menores conocidos como los Tornat, a los que los pescadores pueden invocar para que les traigan buena suerte, asegurándose así el sustento que les permite seguir viviendo.

EL BARÓN DE NEGRO

Los esclavos de África occidental fueron llevados a la isla La Española —bajo dominio español— y a Santo Domingo —bajo dominio francés—. A pesar del opresivo dominio colonial, el vudú se desarrolló como una forma de preservar la identidad cultural para los miembros de la diáspora africana. Incorpora tradiciones vudú de África occidental y elementos del catolicismo.

El vudú es una práctica espiritual centrada en la comunidad. Sus ritos giran en torno a la interacción con los *lwa* —espíritus y mediadores entre lo humano y lo divino—, a través de bailes, cantos y otras ceremonias.

Baron Samedi —cuya personalidad fue adoptada por un personaje de la película de James Bond de 1973 *Vive y deja morir*— es el señor de los muertos. Es un *lwa* astuto y temperamental al que se puede honrar con ofrendas de ron, puros o café negro. Él es quien acompaña a los creyentes a la otra vida: literalmente, cava su tumba y después recibe su alma. También tiene la capacidad de curar a los vivos de sus males y protegerlos de la muerte. Aparece vestido de negro, con un sombrero de copa coronando su rostro de calavera, y es conocido por su comportamiento excéntrico y escandaloso.

MITOS DE AMÉRICA LATINA
Y MÁS ALLÁ

Durante siglos, América Latina ha sido el hogar de una gran diversidad de culturas indígenas. Entre sus primeras civilizaciones se puede encontrar una amplia gama de deidades. Algunos ejemplos destacados son: la civilización olmeca, centrada en el golfo de México entre 1200 y 400 a.C.; los incas, que habitaron lo que hoy es Perú y Chile entre 1438 y 1533 d.C.; y los aztecas, con sede en el centro de México desde el siglo XIII hasta el XVI.

Se trata de civilizaciones que tenían un agudo sentido de la muerte, visión que se refleja en su panteón de deidades a menudo monstruosas, como el temido Ah Puch, cuyo nombre significa «hedor», y el diabólico Supay de los incas. Estas mitologías dejaron una huella duradera en los pueblos que habitan hoy en día estas zonas.

EL MURCIÉLAGO Y LA PELOTA

Este terrorífico relato del panteón maya da un nuevo significado a la expresión «mantener la cabeza en el juego». Se trata del espantoso Camazotz, un espíritu alado con forma de murciélago que sirve a los señores del inframundo. En uno de los mitos descritos en el principal texto maya, el *Popol Vuh*, los héroes gemelos Hunahpu y Xbalanque se enfrentaron a una prueba de supervivencia en la Casa de los Murciélagos. Para protegerse de las amenazadoras criaturas, la pareja se refugió milagrosamente en sus propias cerbatanas. El impaciente Hunahpu decidió asomar la cabeza por la cerbatana para ver si los murciélagos habían desaparecido al salir el sol, pero, en cuanto lo hizo, Camazotz se abalanzó sobre él y le arrancó la cabeza de un mordisco. Su cabeza cayó en la cancha de juego de pelota de los dioses, donde pasó a ser utilizada como balón. Sin duda, ¡uno de los destinos más desagradables que se puedan imaginar!

EL SILBÓN

En la región venezolana de Los Llanos, muchos viven con el temor de escuchar un silbido lejano, la tarjeta de presentación del espantoso Silbón. El único cometido de este demonio popular es el de castigar a los vivos.

La historia del Silbón comienza con un joven malcriado y maniático que, un día, ordena a su padre que salga a cazar ciervos. Cuando el padre regresa con las manos vacías, el niño lo asesina, le arranca el corazón y el hígado y se los entrega a su madre para que los cocine en lugar de la caza. Cuando su madre se da cuenta de que los órganos pertenecían a su esposo, el joven es azotado y sus heridas son rociadas con ají picante y zumo de limón. Finalmente, es condenado a cargar un saco con los restos de su padre y a vagar por la tierra para siempre. Es un espíritu maldito que toma la forma de un hombre delgado llevando una bolsa de huesos, y su hambre de muerte se sacia acechando a borrachos y mujeriegos.

NUESTRA SEÑORA DE LA SANTA MUERTE

Aunque la civilización maya floreció siglos antes que la azteca, hubo cierta convergencia en su culto a las deidades de la muerte. Para los aztecas, Mictecacíhuatl era la Señora de los Muertos y consorte del gobernante del inframundo. Era venerada y temida en igual medida. Cuando el Imperio azteca llegó a su fin, alrededor de 1521 con la caída de Tenochtitlán ante los conquistadores españoles, la veneración de la muerte se conservó en la cultura popular mexicana y se fusionó con el catolicismo, que los españoles habían divulgado.

Hoy en día, muchos mexicanos veneran a la Santa Muerte. Le rezan oraciones y le hacen ofrendas y promesas, como a cualquier otro santo. Al igual que Mictecacíhuatl, la Santa Muerte se considera femenina y es representada con la conocida imagen de un esqueleto envuelto en un manto. Porta una esfera, que simboliza su dominio sobre todo el mundo, y sostiene una guadaña, símbolo clásico de la siega de almas y de los ciclos de vida y muerte, similares a los de las cosechas.

Aunque la Santa Muerte es la personificación de la muerte, representa muchos aspectos positivos para quienes le rinden homenaje. Se la asocia con la curación y la prosperidad económica, así como con la seguridad de la vida después de la muerte. Su veneración adopta todas las formas habituales: se crean altares donde se pueden dejar ofrendas —como cigarrillos, flores, alcohol y dulces— con la esperanza de obtener una bendición, se construyen efigies profusamente decoradas y se realizan procesiones.

Aunque todas estas prácticas están bien documentadas, el culto a la Santa Muerte sigue siendo, hasta la fecha, un asunto relativamente secreto. Aunque la Iglesia católica reconoce el papel de la muerte en las creencias religiosas, ha rechazado que sea santificada y se ha opuesto a que se le rindan tributos que considera exclusivos de Dios o Jesús. Sin embargo, esto no ha frenado el fervor cada vez mayor por este culto, que se extiende más ampliamente en celebraciones de gran arraigo popular como el Día de los Muertos.

MITOS DE ASIA

Asia ha sido la cuna de una asombrosa variedad de culturas y sistemas de creencias. El judaísmo, el cristianismo, el islam, el budismo y el hinduismo tienen su origen en este continente, junto con otras innumerables religiones populares menos conocidas. Esto la convierte en una de las fuentes más ricas de narrativa sobre la vida y la muerte. La riqueza de esta diversidad humana radica en que sus historias presentan múltiples perspectivas para abordar una cuestión tan trascendental como la mortalidad.

En el imaginario chino y japonés abundan las entidades sobrenaturales malévolas, mientras que muchas de las enseñanzas de las regiones árabes, desde el surgimiento del islam, se centran en elevar el alma hacia lo divino. No obstante, en la India y en Indonesia aparecen deidades aterradoras y fantásticas que adoptan muchas formas.

Dado que una sección tan breve no puede abarcar exhaustivamente una gama tan amplia de creencias, nos centraremos en un pequeño grupo de regiones y en algunas de sus figuras más emblemáticas.

UN DEMONIO CON MÚLTIPLES NOMBRES

En la antigua mitología turca, Erlik es el malvado gobernante del inframundo, portador de plagas y tormentos para quienes habitan el reino de los vivos. Sin embargo, dado que la mayoría de las narraciones que definen a este ser no están documentadas por escrito, existe un número sorprendente de relatos sobre el origen de Erlik (o Erleg).

Una versión dice que es el hermano de Ülgen, el dios de la abundancia. Erlik fue creado por Kayra, la deidad suprema que plantó el Árbol de la Vida. Celoso de la participación de su hermano en la creación del mundo, Erlik decidió crear su propio reino, acto por el cual fue castigado y confinado al inframundo. Allí, habita en un palacio de cobre y oro. A veces se le representa como un oso, pero más a menudo como un demonio con cuernos y hocico de cerdo. Al ser el soberano de las tinieblas, se cree que el hacerle algunas ofrendas puede calmarlo y ayuda a evitar desgracias.

🌹 UN NIÑO MALDITO 🌹

La noción de los señores de la muerte que devoran humanos aparentemente se extendió hasta Java, donde algunos creen que Batara Kala fue enviado para castigar a las personas descarriadas por sus malos hábitos. Sin embargo, este demonio parece haber tenido una vida bastante dura. Su padre era Batara Guru, un ser poderoso de la mitología, que abusó de su esposa, Dewi Uma, mientras montaban sobre una vaca divina. La supuesta vergüenza de este suceso hizo que Dewi Uma se maldijera a sí misma y a su marido, por lo que ambos adoptaron la forma de horribles ogros. El hijo fruto de este lamentable encuentro fue Batara Kala, que también adoptó una apariencia desagradable. Marcado por este suceso, Kala creció con resentimiento y se dedicó a devorar humanos, motivo por el que fue desterrado al inframundo.

Hasta el día de hoy, se hacen ofrendas para evitar que maldiga a los vivos, ya que tales maldiciones provocan que los niños nazcan con los pies por delante.

🌸 LA MUJER DE NEGRO 🌸

Manāt fue la diosa del destino y la muerte, adorada en Arabia Saudí antes del auge del islam en el siglo VI d. C. La adoración de Manāt y sus hermanas deificadas se consideraba una herejía a los ojos del islam, ya que es una religión monoteísta. Como resultado, su templo y todos los ídolos creados a su imagen fueron destruidos como parte de la incursión de Sa'd ibn Zaid al-Ashhali. Los devotos se presentaban ante su ídolo y se afeitaban la cabeza, tal vez como acto de purificación.

Manāt tenía la apariencia de una anciana vestida de negro, ya que también se la asocia con el devenir del tiempo. La invocaban para que dirigiera el destino de sus fieles por un camino favorable, así como para proteger las tumbas y maldecir a quienes se atrevían a profanarlas.

MITOS DE ÁFRICA

No es de extrañar que África, la tierra donde surgió *el Homo sapiens*, posea una tradición milenaria en el arte de narrar cuentos y en el esfuerzo humano por comprender la mortalidad. Al igual que Asia, su vasta diversidad de pueblos ha dado lugar a sistemas de creencias drásticamente diferentes. Entre ellos destaca la intrincada tradición de los antiguos egipcios, para quienes los ritos funerarios de las clases dominantes eran de suma importancia. En las comunidades tribales de las naciones africanas se desarrollaron prácticas claramente más modestas. Aunque el concepto de lo sobrehumano y lo sobrenatural para muchos de estos pueblos puede describirse como animista —la idea de que todas las cosas poseen un espíritu y cierto grado de voluntad—, cada cultura tiene su propia comprensión de la muerte y de las fuerzas que la provocan. Al igual que para muchas personas en todo el mundo, la comunicación con los ancestros desempeña un papel crucial; estos espíritus actúan como guías en la vida terrenal y transmiten una sabiduría que resultará útil en el más allá.

EL PESADOR DE CORAZONES

Anubis, el icónico dios con cabeza de chacal y facilitador supremo de la transición hacia la muerte para los antiguos egipcios, es una de las muchas deidades asociadas con el más allá. El paso al reino de los muertos era tan elaborado que Anubis se encargaba de supervisar los ritos funerarios, custodiar las tumbas y guiar las almas hacia el inframundo. Su aspecto canino se relaciona con el hecho de que los chacales solían hurgar en los cementerios, alimentándose de la carne humana. Aunque hay varias versiones sobre su origen, la más aceptada es que es hijo de Isis, diosa clave en la mitología del Antiguo Egipto.

Una de las funciones más interesantes de Anubis es la de «pesador de corazones». Cualquier alma que haya pasado al inframundo debe enfrentarse al juicio de la balanza, donde su corazón se pesa contra una pluma de avestruz. Aquellos cuyos corazones pesan más que la pluma son devorados por Ammit, el monstruo con cabeza de cocodrilo. Aquellos cuyos corazones inclinan la balanza hacia el otro lado ascienden al Cielo.

LA SEÑORA DEL TEMPLO

Neftis, tía de Anubis, simboliza la propia experiencia de la muerte, el «hundimiento en la oscuridad», según un texto de las pirámides. Su nombre significa «dama del templo» y, como muchos de los dioses del Antiguo Egipto, se la asocia con un animal concreto, en este caso al halcón o al milano, cuyos chillidos recuerdan los lamentos fúnebres.

Su papel primordial como guardiana de los muertos deriva del mito del asesinato de Osiris. El dios Set estaba celoso de su hermano Osiris, por lo que lo asesinó y descuartizó su cuerpo, esparciendo sus miembros por todos los rincones del mundo. En una versión de este mito, se dice que Neftis ayudó a recuperar su cuerpo. Curiosamente, también era la diosa encargada del consumo de cerveza. Tenía el poder de ordenar el consumo masivo de la bebida, lo que presumiblemente era útil para aliviar el dolor en los ritos fúnebres.

UNA MADRE CON DOS NOMBRES

Si Neftis sugería el lado protector de la muerte, Asase Ya eleva este concepto a un nivel superior. Es la madre de los muertos para el pueblo Akan, que reside en la costa oeste de África. Pero tiene dos apariencias: como Asase Ya, se presenta como una anciana que custodia la puerta de Asamando, el reino de los ancestros; como Asase Afua, es una hermosa joven asociada a la antítesis de la muerte: la fertilidad, la agricultura, el amor y la procreación.

Aquí vemos una encarnación de la naturaleza dualista de la vida y la muerte, cada una de las cuales forma parte de la otra. Muchas religiones aluden a este concepto, pero pocas representan estos aparentes opuestos como literalmente la misma fuerza. En muchos sistemas de creencias, la muerte se percibe como algo difícil o terrible. Asase Ya/Asase Afua, sin embargo, es en última instancia una madre: un espíritu bondadoso que está ahí para facilitar el proceso de creación y destrucción.

Porque la vida y la muerte
son una, al igual que el río
y el mar son uno.

Kahlil Gibran

UNA HERMANA SIN PIEDAD

En la antigua mitología mesopotámica, la reina de los muertos es conocida como Ereshkigal, la temible diosa alada de Kur, el inframundo. Al igual que en muchas narraciones relacionadas con las aventuras de los seres superiores, la rivalidad entre hermanos juega un papel importante en su historia. La hermana de Ereshkigal es Inanna, diosa del amor, la guerra y la fertilidad, que decidió descender al inframundo para ver si podía extender su influencia allí. Cuando Ereshkigal se enteró de esto, ordenó que se cerraran las siete puertas del reino, insistiendo en que Inanna se quitara una prenda de ropa en cada una de ellas para poder pasar. Al final, Inanna se quedó literalmente desnuda y, en sentido figurado, indefensa. Los siete jueces del inframundo consideraron que sus esfuerzos eran transgresores y la condenaron a muerte, sin que su indiferente hermana interviniera a su favor. Ereshkigal cumple claramente con el estereotipo aterrador y crítico de aquellos que deciden el destino de las almas que se presentan ante ellos.

MITOS DE OCEANÍA

Para los diversos pueblos indígenas que habitan esta vasta región, las mitologías suelen compartir estructuras temáticas básicas, aunque difieren notablemente en sus matices locales. Lo mismo ocurre con los numerosos pueblos aborígenes de Australia, cuyos territorios ancestrales abarcan la inmensidad de un continente que, incluso hoy en día, es difícil de atravesar. El pueblo maorí de Nueva Zelanda también posee diversas tradiciones e historias sobre la muerte heredadas de los primeros navegantes polinesios que colonizaron las islas.

Algunas culturas creen que la muerte nunca llega de forma fortuita; es decir, siempre hay alguna intencionalidad malévola que la desencadena. Esta fuerza puede manifestarse por la hostilidad proyectada por un rival, que podría desear la muerte de alguien, o ser el resultado de la intervención de espíritus malignos. Por ello, las narraciones sobre la muerte suelen estar pobladas por demonios de todo tipo.

UN APETITO INFERNAL

En la mitología maorí destaca Whiro, otro dios maligno del inframundo que mantiene una rivalidad con su hermano Tāne Mahuta, el dios de las aves. Whiro, a menudo es representado como un lagarto gigante que tiene un apetito insaciable por los cuerpos de aquellos que pasan al inframundo, donde él habita. Debido a su forma reptiliana, animales como los geckos, los escíncidos y los tuátaras eran temidos en el pasado, ya que se les consideraba una encarnación en miniatura de él. Pero Whiro no solo es una figura de terror, sino que también influye en las prácticas funerarias maoríes.

La leyenda advierte que, a medida que Whiro devora los cuerpos que pasan al inframundo, se hace cada vez más fuerte. Una vez que sea lo suficientemente poderoso como para liberarse de su dominio en el inframundo, emergerá a la superficie y aniquilará toda forma de vida en la Tierra. Aunque muchos maoríes son enterrados para mantener su conexión con la tierra, cuando mueren, algunos de ellos optan por la cremación para proteger al mundo de Whiro. De esa manera evitan que sus cuerpos sean utilizados para fortalecer a Whiro, ya que no puede hacerlo a partir de las cenizas.

ALAS DEL TERROR

En algunas comunidades de las primeras naciones de la Tierra de Arnhem, en Australia, como el pueblo Gunbalanya, se habla de una criatura gigante parecida a un murciélago conocida como garkain. Se dice que es un espíritu de dimensiones humanas y que habita en la espesura de la selva. Un garkain es incapaz de hablar, utilizar herramientas o interactuar con el fuego, por lo que tiene que capturar a sus presas y comérselas crudas.

El garkain acecha desde las copas de los árboles de su territorio y, si descubre algún intruso, se abalanza sobre él y lo envuelve con sus alas correosas. Una vez que la víctima ha sucumbido, se come su carne. Por si esto no fuera lo suficientemente angustioso, aquellos que son devorados por un garkain están condenados a vagar eternamente, buscando desesperadamente el camino hacia su lugar de descanso final.

 # EL PACTO CON EL DIABLO

Otra historia del territorio del Norte, en Australia, es la del Mokoi, que literalmente se traduce como «espíritu maligno». Sin duda, es un ser que hace honor a su nombre. La comunidad Yolŋu relaciona el Mokoi con la muerte, la enfermedad y la magia negra. La leyenda cuenta que este agente sobrenatural del mal fue originalmente un hechicero humano que vendió su alma a un espíritu malévolo a cambio de la inmortalidad. Sin embargo, ese don resultó ser una condena: quedó ligado eternamente a ese espíritu como su siervo. Esto puede resultar irónico, ya que castiga a aquellos que, como él, intentan manipular las fuerzas del mal.

Las víctimas de esta sombría figura de la mitología Yolŋu suelen ser niños. El Mokoi disfruta comiéndoselos, devorando su esencia vital. Y cuidado: si envías el mal a otra persona, volverá a ti en forma de una visita del Mokoi, que te maldecirá con una enfermedad o un accidente mortal.

ESTRELLAS FUGACES MORTALES

Unas de las criaturas sobrenaturales más aterradoras que se describen en la tradición aborigen de Australia son sin duda los temidos papinijuwaris. Según la mitología tiwi, son gigantes de un solo ojo que habitan en una gran cabaña en los cielos. Si miras al cielo y piensas «¡oh vaya, una estrella fugaz!», piénsalo de nuevo. Lo que realmente estás viendo es un papinijuwari que está atravesando la atmósfera. Llevan un palo de fuego en una mano y un garrote en la otra.

No permanecen confinados en el reino celestial, sino que descienden para beber la sangre de los muertos y los enfermos. Se dice que tienen un olfato capaz de detectar a grandes distancias el «hedor de la enfermedad». Una vez localizan a su víctima, los papinijuwari son capaces de encogerse hasta tal punto que pueden entrar en el cuerpo de una persona enferma a través de su boca para devorar su sangre desde el interior.

Ka mate he tētēkura,
ka whakaete mai he tētēkura.

Cuando una fronda
se marchita, emerge otra.

Proverbio tradicional maorí

MITOS DE LAS REGIONES POLARES

Viajemos al otro lado del mundo, hasta los inuit que habitan las regiones polares de Alaska, Canadá, Groenlandia y Siberia. Su aislamiento geográfico parece haber moldeado una cosmología y un concepto de la muerte bastante singulares. Para muchos inuit, no hay nadie que gobierne el universo. La creación divina y el castigo kármico no existen. En lugar de esforzarse por apaciguar a los dioses para obtener una recompensa en la otra vida, su mitología les enseña a ser conscientes de su entorno y a respetarlo. Dicho esto, reconocen la existencia y la influencia de fuerzas sobrenaturales, y los presagios de muerte también están presentes en sus relatos.

DEIDADES INUIT

Muchas deidades inuit están estrechamente relacionadas con aspectos vitales y de preservación necesarios para subsistir en su implacable entorno. Por ello, muchos de estos seres son considerados guardianes de un dominio concreto. Por ejemplo, Agloolik es un dios que habita bajo el hielo y tiene la capacidad de bendecir una expedición pesquera con una captura abundante. Asimismo, dado que la vestimenta para defenderse de las temperaturas mortales del Ártico es tan esencial, la figura de Pukkeenegak cobra relevancia. Representada como una mujer con la cara tatuada y botas altas, es considerada la diosa de las prendas de vestir. Algunas tribus creen en una deidad relacionada específicamente con la muerte y el más allá: Anguta, cuyo nombre significa «un hombre con algo que cortar», actúa como guía de las almas de los muertos, las lleva al mundo espiritual conocido como Adlivun. Se dice que, antes de llegar a su destino espiritual final, al Qudlivun, las almas de los muertos deben permanecer durante un año con Anguta.

ESPÍRITUS INUIT

En la otra cara de la mitología inuit existen varios espíritus menores, muchos de ellos de naturaleza antagónica. Un ejemplo son los *qallupilluit*, monstruos acuáticos, viscosos y de piel verde que habitan en las aguas costeras cercanas a los témpanos de hielo. Estas criaturas emiten un zumbido hipnótico cuando intentan llevarse a los niños hacia la muerte. Atraen a los niños hacia el agua y luego los arrebatan.

Luego está Ahkiyyini, el poderoso espíritu esquelético que puede crear maremotos y terremotos con el movimiento de sus brazos huesudos. Se dice que, cuando estaba vivo, disfrutaba tocando música estridente y bailando, ¡tanto que su alboroto volcaba los barcos anclados!

CAPÍTULO CUATRO:
Y LA MUERTE
NO TENDRÁ DOMINIO

Como hemos visto en los dos capítulos anteriores, la tradición de recurrir a la imaginación para comprender el proceso de la muerte —y lo que podría haber más allá— se ha mantenido viva a lo largo de la historia. Estas narrativas se han transmitido de generación en generación, ya sea de forma oral, pictórica o escrita. En este capítulo, exploraremos cómo las mentes creativas han ayudado a la humanidad a lidiar, a lo largo del tiempo, con las incertidumbres modernas sobre la mortalidad.

MAESTRO DE LO MACABRO

Cuando se trata de explorar la ficción centrada en la muerte, nada mejor que empezar por el novelista y poeta estadounidense Edgar Allan Poe. Aunque fue un crítico literario de éxito y autor de notables ensayos, su fuerte era la ficción gótica. Poe albergaba una profunda obsesión por el miedo y el tormento emocional que provoca la muerte. Sus relatos hablan de un dolor enloquecedor, pero su estilo histriónico garantiza que la tristeza se mantenga dentro del espeluznante reino de la fantasía oscura, en lugar del horror abyecto. Esto no hace que su obra sea menos conmovedora.

En su cuento *Revelación mesmérica*, desvela que la muerte es la única forma de cumplir verdaderamente con la vida, diciendo:

> *Hay dos cuerpos: el rudimentario y el completo; correspondientes a las dos condiciones del gusano y la mariposa. Lo que llamamos «muerte» no es más que la dolorosa metamorfosis [...]. La vida definitiva es el diseño completo.*

🌸 TENDIENDO PUENTES 🌸

Muchas personas recordarán la primera vez que se enfrentaron a la muerte cuando eran niños. Quizás fue la muerte de un querido pececito dorado, la desaparición de un personaje favorito de una película de Disney o, más trágicamente, el fallecimiento de un familiar o un amigo. Naturalmente, quizá muchos padres intenten proteger a sus hijos ante un tema tan serio, pero Katherine Paterson, autora de la novela juvenil *Un puente hacia Terabithia*, lo aborda con valentía. Esta es la historia de una amistad improbable entre dos niños, Jesse y Leslie, de orígenes muy diferentes, que encuentran puntos en común y refugio en un mundo de imaginación: el reino de Terabithia. Este refugio contrasta drásticamente con la dura realidad de la vida de los niños. Sin embargo, cuando la muerte finalmente golpea, ese lugar secreto se convierte en un memorial viviente y una forma de fortalecerse ante la pérdida.

UNA CONCIENCIA CULPABLE

El escritor colombiano Gabriel García Márquez es el máximo exponente del realismo mágico, un estilo literario en el que la frontera entre lo concreto y cotidiano y lo fantástico y trascendente se difumina de una manera lúdica que hace que el lector reconsidere sus prioridades y su percepción de la realidad.

En su poco convencional novela policíaca *Crónica de una muerte anunciada*, Gabo da un giro radical a la narrativa del crimen. En lugar de investigar la identidad del ejecutor, explora las actitudes de quienes permitieron que el asesinato ocurriera. Aunque formar parte del misterio que rodea un acto criminal no es algo a lo que la mayoría de nosotros nos enfrentaremos —fuera de un juego de roles o de la ficción—, es posible identificarse con el sentimiento de culpa por desearle mal a alguien o por no actuar para ayudar cuando podríamos haberlo hecho. La responsabilidad ética y la empatía hacia los demás podría formar parte de la solución para apreciar un poco más la vida.

Las personas
que viven profundamente
no temen a la muerte.

Anaïs Nin

🌹 ÁMATE A TI MISMO 🌹

Toni Morrison, ganadora del Premio Nobel de Literatura, plasmó los crueles lazos del racismo y los efectos duraderos de la esclavitud para los afroamericanos a través de una obra aclamada por la crítica. Morrison aborda una serie de temas inquietantes, entre ellos el infanticidio. En *Beloved,* describe a una madre tan desesperada por proteger a sus hijos del tormento de la esclavitud que la muerte se convierte en la opción más humana. Las consecuencias son inquietantes, literalmente, ya que la niña asesinada regresa de la tumba años más tarde, pero este acto indescriptible abre un debate más amplio sobre cómo a veces la muerte puede percibirse como una forma de liberación o escape. En última instancia, la novela utiliza este trasfondo sombrío para adoptar una postura afirmativa sobre la vida y el amor propio, y lo explica así: «En este lugar, somos carne; carne que llora, que ríe; carne que baila descalza sobre la hierba. Ámala. Ámala con fuerza».

LA VIDA DESPUÉS DE LA MUERTE Y LA MEMORIA

Rudolfo Anaya consideraba la muerte y el más allá como un elemento integral de la condición humana. Fusionó creencias y culturas católicas, indígenas y mesoamericanas, empleando este sincretismo a lo largo de sus obras como una lente para observar la vida chicana.

La novela corta de Anaya, *La historia de amor del viejo*, se sitúa en la frontera entre la ficción y las memorias. Explora temas como el dolor, la soledad y la existencia tras la muerte de la esposa del protagonista, con quien había compartido muchos años. En su duelo, el personaje navega entre diversos sistemas de creencias y se debate entre conceptos sobre el más allá, hasta alcanzar una revelación transformadora: «No está ahí fuera... está en mí. El mundo de los espíritus es mi memoria: ¡yo soy el mundo de los espíritus!».

¿QUIÉN QUIERE VIVIR PARA SIEMPRE?

¿Qué nos puede enseñar una historia de vampiros sobre la muerte? Esta es una pregunta que Jacqueline Holland indaga en su novela *El dios de los finales*. A pesar de su premisa sobrenatural, la historia está impregnada de interacciones profundamente humanas en las que participa su personaje principal, Anna. Ella lucha contra su vampirismo mientras busca conexiones duraderas con quienes la rodean. Al ser una vampira con una sed irresistible de sangre, Anna se ve atrapada en un ciclo que perpetúa su existencia indefinidamente. Pero, como ocurre con muchas narrativas de este género, su situación acaba pareciéndole una maldición y anhela liberarse. Ella misma explica: «Envidio terriblemente a estas personas [los mortales] [...]. Sea lo que sea lo que pierdan, sea lo que sea lo que sufran, no sufren durante mucho tiempo». La naturaleza temporal de la vida se muestra como una de sus características más preciadas.

ARTISTAS

VISIONES INFERNALES

La mentalidad medieval europea estaba obsesionada con la idea del castigo. Este podía adoptar la forma de suplicios corporales infligidos por delitos contra la ley, el azote de alguna terrible epidemia devastadora o las visiones de un destino atroz para los pecadores en las entrañas del infierno. En este clima de miedo, no es de extrañar que la obra del pintor holandés Hieronymus Bosch, El Bosco, fuera tan intensamente extraña.

En su tríptico simbólico, *El jardín de las delicias* (c. 1495-1505), por ejemplo, representa los inocentes comienzos de la humanidad según la Biblia. No es tan extraño, ¿verdad? Pero hay más: la obra evoluciona a una letanía de placeres extraños y pecaminosos donde los humanos retozan con animales. En el último panel, El Bosco despliega una visión grotesca del infierno, con libertinajes y suplicios aún más extravagantes. Aunque su estilo no encajaría en la Iglesia de su tiempo, la pintura es claramente moralizante sobre los peligros del pecado y los terrores ultraterrenos que nos esperan en la otra vida. La muerte, aquí, es una puerta para adentrarse en un horror inimaginable.

✿ ESCALERA AL CIELO ✿

Afortunadamente, no todos los pintores que se centraron en el ámbito espiritual eran tan condenatorios como El Bosco. William Blake, el pintor y poeta visionario inglés, ofreció al mundo de mediados del siglo XIX retratos gloriosamente liberados de figuras bíblicas y representaciones del «yo superior» de la humanidad. Aunque no rehuía de escenas con gran dramatismo y peligro, Blake también se deleitaba evocando imágenes de una belleza etérea y trascendental.

Una de esas imágenes es la de la escalera al cielo en su obra *La escalera de Jacob* (c. 1799-1806). La escalera de Jacob es, literalmente, una escalera al cielo, que aparece representada en la Biblia. Blake consigue darle un carácter casi psicodélico con su uso de colores suaves y formas helicoidales. A diferencia de las visiones terribles de El Bosco, el reino celestial de Blake resulta relajante y sublime. En el mundo de Blake, la muerte deja de ser una amenaza para convertirse en un resplandeciente viaje hacia un reino de luz infinita.

LA CARGA DE LA INCERTIDUMBRE

Caspar David Friedrich, pintor alemán que trabajó a principios del siglo XIX, fue un maestro del simbolismo espiritual. Su obra, a menudo se centraba en la esencia sagrada del mundo natural. Sus pinturas están llenas de bosques de pinos altísimos, cuyas copas puntiagudas se asemejan a las agujas de una catedral gótica. De hecho, a menudo prescindía de la sutileza y situaba un lugar de culto en medio de bosques sombríos y majestuosos. Un ejemplo paradigmático es *Cruz y catedral en las montañas* (1812).

Friedrich percibía claramente un espectro de muerte en el mundo natural, y estas visiones resultaban, a menudo, profundamente inquietantes. Muchas de sus obras están pintadas con colores oscuros, lo que les da una atmósfera melancólica. En sus obras más góticas, las ramas retorcidas y sin hojas contrastan con cielos sin estrellas. En algunas de sus pinturas aparece el sol, pero siempre desvaneciéndose en el horizonte. De este modo, la visión de Friedrich sobre la esperanza y el temor, la vida y la muerte, parece impregnada de una incertidumbre existencial.

HUESOS HERMOSOS

Georgia O'Keeffe, reconocida como la «madre del modernismo estadounidense», centró gran parte de su obra en las formas orgánicas. Sus célebres pinturas de flores han sido interpretadas como metáforas del cuerpo femenino, especialmente de la vulva, y por lo tanto se consideraban una metáfora de la creación y la vida.

Sin embargo, también completó una serie de pinturas centradas en cráneos de animales en paisajes áridos que, a primera vista, parecen hablar de la muerte. Aunque obras como *Cabeza de carnero y malva real blanca* (1935) presentan una imagen de la muerte, una reflexión más profunda invita a una interpretación más positiva. El cráneo animal flota, literalmente elevado, como si sugiriera que de alguna manera trasciende el reino terrenal. También está decorado con una flor blanca que, de nuevo, parece etérea, transformando los restos físicos en una visión casi celestial. Los huesos mortales de O'Keeffe son hermosos y esperanzadores.

*Morir es una noche salvaje y
un nuevo camino.*

Emily Dickinson

PESCADO SIN PATATAS FRITAS

La conservación de tejidos orgánicos con fines artísticos fue una técnica utilizada con gran efecto sensacionalista por el artista británico Damien Hirst. En 1991, creó una instalación conocida como *La imposibilidad física de la muerte en la mente de alguien vivo*. A primera vista, la pieza es un tiburón suspendido en un tanque de cristal lleno de formol. Sin embargo, el título de la instalación nos recuerda que esta obra pretende ser algo más que un espécimen científico. Las fauces abiertas del tiburón y su forma tangible tienen un efecto inquietante. Puede inspirar sentimientos encontrados sobre la inmediatez física de la vida y la ausencia de la fuerza animadora que da vida a todo. La inquietud que esta obra genera en el espectador reside en la «imposibilidad» que enuncia el título y algo que cortocircuita nuestra comprensión de lo que significa dejar de estar vivo, hasta que, quizás, nos alcance el momento de nuestra propia muerte.

DESNUDÁNDOLO TODO

Llevando la idea de Hirst a un extremo aún más inquietante, la exposición *Body Worlds* presenta cuerpos humanos reales como modelos científicos y, simultáneamente, como obras de arte desafiantes. Estos cadáveres suelen estar despojados de la piel para mostrar el funcionamiento interno de sus estructuras musculares, ligamentosas y óseas.

En 1977, el anatomista Dr. Gunther von Hagens inventó la plastinación. Este proceso permite preservar el tejido humano de forma indefinida, manteniendo casi intactas todas sus características. El resultado son especímenes de un detalle extraordinario. Junto con la comisaria Dra. Angelina Whalley, Von Hagens ha utilizado estos especímenes para crear una exposición que muestra el funcionamiento interno y la milagrosa complejidad de la anatomía humana y animal con un realismo gráfico sin precedentes. Ofrece una visión única de las maravillas y limitaciones de nuestra propia biología. Encontrarte cara a cara con uno de estos cuerpos, ¿te horrorizaría o te fascinaría?

POETAS Y DRAMATURGOS

 UNA REFUTACIÓN DE LA MUERTE

John Donne, destacado poeta y clérigo inglés del siglo XVI, utilizó la agudeza de sus versos para explorar temas filosóficos. Guiado por los principios del cristianismo, escribió una refutación a la muerte en su poema «Muerte, no te enorgullezcas» (*Death, be not proud*). Amparado en la promesa cristiana de la vida eterna y la victoria final sobre el mal, Donne desafía el poder de la muerte:

> *Muerte, no te enorgullezcas, aunque algunos*
> *te hayan llamado poderosa y temible, pues no lo eres;*
> *porque aquellos a quienes crees poder derribar*
> *no mueren, pobre Muerte, y tampoco*
> *puedes matarme a mí.*

El poema considera a la muerte como un ser patético y dependiente, condenado a «habitar con el veneno, la guerra y la enfermedad», mientras que aquellos que creen en el Todopoderoso, tras «un breve sueño, [...] despertarán eternamente», y «la muerte ya no existirá; Muerte, tú morirás». Esta desafiante afirmación da esperanza a cualquiera que piense que la muerte es algo que hay que temer.

UNA LLAMADA DE LA PARCA

La poeta estadounidense Emily Dickinson estaba muy interesada en el tema de la muerte. Su poema *Porque no pude detenerme ante la muerte*, publicado póstumamente en 1890, es una visión muy tranquila y serena del encuentro con el final de la vida, aunque, a diferencia de Donne, su confianza no provenía de la fe religiosa. El poema describe un escenario en el que ella está dando un paseo en carruaje con la Muerte y la Inmortalidad, personificadas como caballeros corteses que la conducen hacia su tumba. La poeta decide «dejar a un lado su trabajo y su ocio» ante la amabilidad del encuentro, sabiendo que la existencia terrenal llega a su fin sin estridencias. Tras pasar por lugares cotidianos de la vida, el viaje concluye ante su morada eterna: «una casa que parecía un bulto en el suelo». Este poema nos anima a adoptar una visión serena y de profunda aceptación en el momento en que la muerte nos llame.

🌸 PODRÍAMOS (TODAVÍA) 🌸 SER HÉROES

Alfred, Lord Tennyson, fue el poeta más laureado del Reino Unido durante la época victoriana, en el siglo XIX. En su poema «Ulises», imagina al héroe mítico como un anciano, obligado a «oxidarse sin pulir» y reflexionando sobre lo que será el final de una vida llena de emocionantes aventuras. Sin embargo, el intrépido aventurero se niega a dejarse vencer por los pensamientos de su inminente muerte. Encuentra esperanza y proclama:

> *La vejez aún tiene su honor y su esfuerzo;*
> *La muerte lo cierra todo: pero algo antes del final,*
> *Alguna obra noble, aún puede hacerse,*
> *Que no desmerece a los hombres que lucharon*
> *contra los dioses.*

Las últimas líneas del poema resuenan gloriosamente contra la irrevocabilidad de la muerte, sentenciando:

> *[...] lo que somos, somos;*
> *Un temperamento igual de corazones heroicos,*
> *Debilitados por el tiempo y el destino,*
> *   pero fuertes en voluntad*
> *Para luchar, buscar, encontrar y no rendirse.*

 **BRILLA**

Nacido en Gales en 1914, Dylan Thomas escribió uno de los poemas más célebres sobre el vivir la vida con intensidad incluso ante la muerte. Escribió su famoso poema «No entres dócilmente en esa buena noche» como reacción visceral ante la agonía de su padre. En él nos dice que debemos «arder y delirar» al final de nuestras vidas, animándonos a vivir la vida hasta nuestro último aliento. Con una determinación ardiente, Thomas nos anima a desafiar a la oscuridad de la muerte con metáforas estimulantes de luz y fuego. Proclama que es esa elección final de resistirse lo que dota de una dignidad suprema a nuestra humanidad.

UN BUEN LUCHADOR

La revista *Time* calificó al poeta estadounidense Charles Bukowski como el «laureado de la vida marginal estadounidense» (¡ay!). Gran parte de su obra emana de una perspectiva descarnada y periférica. Su poesía —franca, a veces visceral, pero siempre auténtica— retrata los placeres ásperos y las duras realidades del alcoholismo, la soledad y la lucha contra la sumisión indebida a la muerte en vida. Pero, a pesar de su inherente oscuridad, la poesía de Bukowski destila un sentido perdurable de fuerza y esperanza en la difícil situación de aquellos que se sienten destinados a la desaparición, pero que, sin embargo, luchan día tras día. Una vez se describió a sí mismo como un «buen luchador», alguien que puede salir de una mala situación a base de puñetazos y pura determinación. Vivir con audacia, arder con pasión humana —aunque a veces sea inapropiada o destructiva— y luchar por el día siguiente es el objetivo final.

🌸 EL JUEGO DE LA VIDA 🌸

Una voz que ha sabido aprovechar al máximo las plataformas digitales modernas con resultados sorprendentes es Rupi Kaur. Poeta, autora, fotógrafa e ilustradora india, Kaur ha cautivado la imaginación de una nueva generación. Al igual que Bukowski, sus mensajes son sinceros y su estilo poético directo, lo que garantiza que su obra conecte con la gente corriente que se enfrenta a problemas cotidianos. Uno de esos problemas es, por supuesto, la muerte. Kaur aborda este tema de manera hermosa en su poema «Funeral». Como muchas personas, ella espera que su último adiós esté lleno de alegría y celebración, en lugar de tristeza. Anima a los que sobreviven a bailar cuando se enfrentan a la muerte y a celebrar la vida que han vivido. A pesar de su naturaleza finita, la vida es hermosa y una victoria en sí misma.

CONCLUSIÓN

En este recorrido —breve en palabras, pero vasto en ideas— hemos explorado las innumerables formas en que la muerte ha sido, y sigue siendo, concebida, expresada, aceptada y celebrada. Hemos visto cómo la muerte, en muchos sentidos, puede ser tan rica como la vida. Aunque sin duda representa un final inevitable, también es un prisma que resalta la belleza de la vida. Sin la muerte, la vida se vería privada de su significado y su belleza.

La forma en que cada individuo procesa esta idea es tan única y característica como tú. Puede ser un fiel reflejo de la gloriosa variedad que ha conformado tu paso por la Tierra. Aunque las interpretaciones sobre el «más allá» varían, lo que une a todos los habitantes de este planeta es la experiencia humana compartida de vivir. Tu camino a través de la vida, y la muerte, es algo que debes buscar y encontrar por ti mismo. Y quién sabe, tal vez las historias más especiales sean las que se narren después de tu partida, en recuerdo de los momentos que compartiste.

CRÉDITOS DE LAS IMÁGENES

EL PEQUEÑO LIBRO DE MAGIA·K
Astrid Carvel

ISBN: 979-13-88177-01-9

Descubre el mundo de la magia·k con esta fascinante guía para principiantes dirigida a los hechiceros modernos. La magia·k (con «k») es una herramienta esencial para el crecimiento espiritual diseñada para ayudarte a alcanzar tu propósito. Desde los objetos místicos indispensables hasta los rituales que puedes practicar, este libro es una introducción encantadora al ocultismo. Explora las creencias, tradiciones y orígenes de la magia·k y comienza tu viaje para CONVERTIRTE EN UN BRUJO MODERNO.

EL PEQUEÑO LIBRO DE ASTROLOGÍA
Judith Hurrell

ISBN: 979-13-88177-00-2

Embárcate en un viaje de autodescubrimiento y encuentra
tu lugar en el cosmos con esta apasionante introducción
a la astrología. Tanto si tienes curiosidad por tu propio
perfil astrológico como si te interesa descifrar los mensajes
cósmicos del mundo que te rodea, este libro es tu vía de
acceso a la SABIDURÍA DE LAS ESTRELLAS.

EL PEQUEÑO LIBRO DEL KARMA
Isabelle Loynes

ISBN: 9979-13-88177-02-6

Un acto de bondad puede conllevar grandes consecuencias;
incluso un pequeño detalle puede tener un gran impacto.
Este pequeño libro te enseña todo lo que necesitas saber
sobre el karma, una antigua fuente de sabiduría espiritual.
¡Aprende a disfrutar de su increíble poder! Muy pronto
percibirás que sencillos actos de generosidad y empatía
alegran tu perspectiva y aportan equilibrio a tu vida. Porque
COSECHARÁS AQUELLO QUE HAYAS SEMBRADO

Gracias

nuu